LA COCINA CUBANA

270 RECETAS

LA COCINA CUBANA

270 RECETAS

Compilación
Sisi Colomina González

Nitza Villapol S.A., 2013

REGISTRO
CENDA, Cuba: NR 1578-2004
Depósito Legal Biblioteca Nacional de Cuba 4/7/2004
Registro Propiedad Intelectual Internacional: NR 2016 - 475 A
ISBN: 978-1495483707

© Heredero de Nitza Villapol
Sobre la presente edición:
© Sisi Colomina González, 2013
© Nitza Villapol S.A., 2013

Compilación: *Sisi Colomina González*
Edición: *Sisi Colomina González*
Diseño de cubierta: *Edwin González*
Diseño interior y realización: *Leal*
Corrección: *María Luisa García Moreno*
Ilustraciones: *Didier Álvarez Hernández*

Nitza Villapol S.A.
Suite B, 3rd Floor, 550 Northwest 51st Ave
Miami, Florida 33126-3403. USA
web. www.nitzavillapol.net / email. info@nitzavillapol.net

TABLA DE CONTENIDOS

Introducción / 7
    Cómo medir los ingredientes / 11
    Cereales (arroz, maíz, trigo) / 17
    Frijoles, sopas y guisos / 35
    Carnes y embutidos / 50
    Pescados y mariscos / 68
    Viandas, hortalizas y otros vegetales / 82
    Huevos / 97
    Ensaladas / 110
    Sándwiches y bocaditos / 119
    Postres / 127
    Coctelería / 152
        El bar / 157
        Bebidas / 160
        Cocteles / 162
        Aperitivos / 187
        Cordiales / 192
        Tragos largos / 194

INTRODUCCIÓN

—¡Son tantos los que no pueden llevar a su estómago los alimentos necesarios! –dirán algunos.
En estos tiempos se habla mucho de debilidad, de anemia, de agotamiento.
Hablar pues de sobrealimentación, de excesos alimentarios, parece una paradoja.
Comemos según nuestros gustos, y no para satisfacer las necesidades de nuestro organismo y en muchos casos con intemperancia.
La ignorancia y el error se pagan siempre. Y en el problema de la alimentación, veremos pronto cuán caro cobra la vida, el no saber lo que deberíamos.

Nos proponemos hacer una colección de libros que sea útil y eficaz, no una colección de libros filosóficos y sabios, pero sí ricos en experiencias.

Hay muchos que cuando se les pregunta por Nitza, te contestan: ¡*Ah!, la cocinera*. Resulta claro, para la mayor parte del pueblo cubano, que durante 44 años estuvo viendo en las pantallas de sus televisores, a una señora que hacía programas de cocina, daba recetas y enseñaba a cocinar, era una cocinera, ¡pero qué lejos de la verdad están los que piensan así!

Graduada de la Escuela del Hogar, en la capital habanera y de la antigua Facultad de Pedagogía de la Universidad de La Habana, cursó estudios sobre Dietética y Nutrición en las Universidades de Londres e Ibadán (Nigeria); participó en varios postgrados realizados por la FAO, la OMS y la Unicef, sobre la ciencia de los alimentos y nutrición aplicada; titulada en Economía Doméstica y Artes Manuales en Nigeria; locutora y creadora reconocida en la televisión; directora de programas; escritora (publicó 37 libros de cocina, tres de dulces, uno de coctelería y un diccionario de cocina inédito hasta el momento). Escribió un artículo para la Unesco, que fue publicado en el libro *África en América* y editado en el año 1977 en varios idiomas, el cual consta de 17 capítulos, cada uno hecho por encargo de esa institución, en cumplimiento de los acuerdos de su 14 reunión, realizada en París en 1966, y de la cual fue relator, Manuel Moreno Fraginals.

Participó en innumerables eventos sobre la alimentación, tanto en Cuba como en el extranjero. Publicó sus textos en infinidad de revistas.

Para Nitza Villapol, la televisión no era más que un aula grande, donde podía enseñar nuevos hábitos alimentarios al pueblo y a todo aquel que la escuchara o viera.

Dejó una rica bibliografía en recetas de cocina, dulcería, repostería, coctelería, algunas inéditas, y muchos escritos y análisis acerca de las dietas y nutrientes, así como consejos para los que gusten del buen comer.

En una colección de libros de cocina de Nitza Villapol, con varios tomos, que próximamente se publicará, se presentan recetas de uno o dos productos y se le agrega todo lo que ella escribió acerca de dichos ingredientes.

Si con ello lográramos instruir a nuestros lectores, daríamos toda nuestra labor por bien pagada.

Piense cada cual que en estos libros puede encontrar la salud y la felicidad.

Para muchos, esta colección pudiera ser una verdadera revelación de la comida cubana y de la cocina cubana e internacional, adaptada al gusto más refinado en el comer de quienes habitan esta Isla, y una manera de adquirir nuevos hábitos alimentarios.

No quiero terminar sin antes agradecer a todos los que han intervenido en la realización de esa colección, y a quienes recuerdan con cariño y amor, a la maestra incansable que ha sido Nitza, a pesar de que desapareció físicamente desde hace más de diez años.

MARCOS E. LÓPEZ GONZÁLEZ

CÓMO MEDIR LOS INGREDIENTES

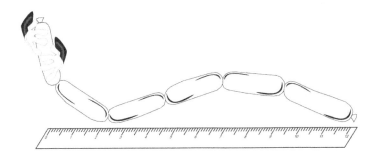

Los libros antiguos daban las recetas por poquitos o pizcas y usaban cualquier jarro, taza, cuchara o cucharón para medir. Todavía hoy día numerosas personas cocinan así y lo hacen muy bien. Pero aprender a ojo de buen cubero requiere tiempo, paciencia e ingredientes. Y a veces tenemos que hacer las cosas varias veces hasta que salen bien. En la actualidad nada de esto es necesario. Las medidas y las recetas probadas nos permiten cocinar sin gran experiencia. Por eso, por su importancia, dediquemos la atención a las medidas.

Generalmente en nuestro país las recetas caseras se dan por tazas, cucharadas y cucharaditas. Pero todas las tazas, cucharas o cucharitas no tienen el mismo tamaño. ¿Cómo podemos saber cuál es la medida correcta cuando no tenemos tazas y cucharas de medida?

Una taza de medida equivale a 8 onzas líquidas. En el hogar a veces tenemos alguna lata, un pomo, jarro o vaso que tiene capacidad para esa cantidad. Por ejemplo, el envase de 1 lata de leche condensada, a la que falta un dedo por llenar, también equivale aproximadamente a 1 taza de medida. La lata, llena hasta el mismo borde equivale aproximadamente a 10 onzas, o lo que es igual, 1¼ tazas. Aunque hay latas que tienen una capacidad de 1⅓ tazas.

Los biberones graduados en onzas que se usan para niños también sirven para saber cuál de las tazas, jarros o vasos, latas o cucharones de cocina puede sustituir a la taza de 8 onzas que usamos para medir.

A veces las recetas no requieren una taza entera y solo tenemos que usar la mitad, o la tercera o cuarta parte. En ese caso la medida se expresa así:

¼ *(un cuarto de taza) equivale a 2 onzas - 4 cucharadas*
½ *(la mitad o media taza) equivale a 4 onzas - 8 cucharadas*
¾ *(tres cuartos de taza) equivale a 6 onzas - 12 cucharadas*
⅓ *(un tercio de taza) equivale aproximadamente a 3 onzas - 5 cucharadas más 1 cucharadita*

Algunas cosas como la sal las medimos por cucharadas y cucharaditas. También es posible saber aproximadamente cuánto miden las cucharas y cucharitas, por ejemplo, 1 cucharada de medida es igual a 15 centímetros cúbicos y 1 cucharadita de medida es igual a 5 centímetros cúbicos, por lo que 1 cucharada equivale a 3 cucharaditas.

Si existe la posibilidad de usar como medida una jeringuilla... sí, esa de poner inyecciones, con ella podemos saber cuál de las cucharas o cucharitas tiene más o menos la misma capacidad de la cuchara y cucharita de medida. Si no hay una jeringuilla, podemos medir con un biberón marcado en onzas y cumple la misma función. Esta tabla puede ser útil:

1 onza ....⅛ taza ....2 *cucharadas*
2 onzas...............¼ taza ....4 *cucharadas*
4 onzas...............½ taza ....8 *cucharadas*
6 onzas...............¾ taza ....12 *cucharadas*
8 onzas...............1 taza ....16 *cucharadas*

Al principio quizás parezca difícil cocinar por medidas y puede interpretarse erróneamente como una bobería y pérdida de tiempo. Sin embargo, cuando adquirimos el hábito de medir y aplicamos a la cocina una receta probada, todo resulta más fácil, aprovechamos mejor lo que tenemos y evitamos desperdicios innecesarios.

Los ingredientes sólidos varían con relación al peso y medida. Por ejemplo: 1 libra de mantequilla equivale a 2 tazas, mientras que 1 libra de harina equivale aproximadamente a 4 tazas.

Cuando la mantequilla viene cortada en piezas de ¼ o 1 libra, le será fácil usarla sin medir, si tiene en cuenta lo siguiente:

¹/₈ libra de mantequilla .... *¼ taza* ....*4 cucharadas*
¼ libra de mantequilla .... *½ taza* ....*8 cucharadas*
½ libra de mantequilla .... *1 taza* ....*16 cucharadas*

Para medir harina, ciérnala siempre antes. Échela en la taza o recipiente de medida sin golpear ni sacudirla.

Los demás ingredientes sólidos como azúcar, sal, especias molidas, bicarbonato, etcétera, deben medirse del mismo modo. No hay que cernirlos, pero sí cuidar que no tengan pelotas como sucede a veces con el azúcar y la sal, si esto ocurre, desbarátelas antes de medir.

El azúcar prieta y las grasas sólidas, como mantequilla y manteca, son algunos de los ingredientes que se miden apretando firmemente en la taza. Las migas de pan fresco también deben medirse apretándolas ligeramente en la taza.

Los ingredientes líquidos se miden llenando la taza hasta la medida deseada.

Para obtener una medida real, es necesario que la taza esté sobre una superficie nivelada y mirarla desde ese nivel, porque si observamos desde arriba o levantamos la taza hasta nuestra vista, la medida puede ser inexacta. Las grasas líquidas como el aceite o la mantequilla derretida se miden de este modo.

CÓMO AUMENTAR O DISMINUIR UNA RECETA

Para reducir una receta a la mitad use exactamente el 50 % de todos los ingredientes. Si la receta completa requiere solo el empleo de 1 huevo o un número impar de ellos, para reducirlo bátalo, mídalo por cucharaditas y use la mitad. Para hacer la mitad de las recetas de cakes, pasteles, etcétera, deben seleccionarse moldes más pequeños en proporción a esa cantidad, para que el tiempo y la temperatura de horneo sean iguales. Si se usa el mismo tamaño de molde para la mitad de la receta, el tiempo de horneo será aproximadamente la mitad, pero esto no siempre es recomendable, ni asegura los mejores resultados. Lo mejor es utilizar un molde más chico.

Para duplicar la receta use exactamente el doble de todos los ingredientes y proceda del mismo modo.

Si se trata de cakes o panetelas deberá usarse, para más seguridad, 2 moldes del tamaño que indica la receta, pero si se desea, podrá usarse uno que tenga aproximadamente el doble de capacidad, cuidando el tiempo del horneo que será entonces mayor y muy variable de acuerdo con las características del molde.

Al preparar recetas, con piezas enteras de pescados, carnes o aves horneadas en grandes cantidades debe calcularse un mayor tiempo de cocción. Si se cortan en las porciones señaladas en la receta original, y se emplea una cacerola adecuada, el tiempo será aproximadamente el mismo.

Para comenzar, le recomendamos que use en cada receta las cantidades indicadas o si la familia es corta, hágala en menor cantidad. Le aconsejamos no duplicar o triplicar una receta la primera vez que usted la pruebe. La cocina en cantidades mayores requiere ligeras modificaciones de condimentos y tiempos de cocción, además de condiciones apropiadas en cuanto a utensilios y refrigeración. La mayoría de las recetas que aparecen en este libro han sido calculadas para condiciones domésticas.

LA OLLA DE PRESIÓN

La economía es doble cuando se usa una olla de presión. Los alimentos se cocinan con más rapidez y esto ahorra combustible y tiempo de permanencia en la cocina. Sin embargo, muchos limitan el uso de la olla de presión reservándola para frijoles y sopas. Si usted sigue cuidadosamente las instrucciones y tablas de tiempo, observará que cocinar en olla de presión es cosa fácil. Puede usarla con gran éxito en la confección de muchos postres criollos que antiguamente se cocinaban en cazuelas de cobre. Use su olla de presión para hacer dulces que requieran largo tiempo de cocción a fuego lento. En este caso el fondo doble de la olla de presión sustituye perfectamente el de las vasijas de cobre que usaban nuestras abuelas para hacer los dulces de leche, yemitas, boniatillo, pasta de mango y guayaba. Para hacer estos use la olla como una cazuela corriente, sin ponerle la tapa de presión. Así, a fuego lento y paleteando el dulce constantemente, no se pega en el fondo.

La olla también puede usarse como esterilizadora para los pomos y biberones del bebito. Basta poner una parrilla dentro de la olla y echar 1 taza de agua, luego colocar los pomos y poner los biberones dentro de un pomo o vaso tapado, cerrar la olla, dejar salir el vapor y colocar el indicador para hervir 10 minutos. Después de esterilizados, los pomos y los biberones deben ser conservados en la olla sin contacto con el aire hasta el momento de ser usados.

Como todos los utensilios de cocina, la olla de presión requiere cuidados para rendir largos años de servicio y algunas sencillas indicaciones para evitar accidentes.

No llene nunca la olla hasta arriba, deje por lo menos una o dos pulgadas sin llenar. Cuando cocine frijoles, harina, sopa u otros alimentos espesos, llene solo hasta las $2/3$ partes.

Baje la candela cuando ya sienta el silbido de la olla y deje salir toda la presión antes de quitar la tapa, sin hacer fuerza para quitarla. Si está pegada, eso indica que todavía hay presión dentro de la olla y debe esperar para destaparla.

Mantenga el indicador de presión en lugar seco. El mismo vapor de la válvula lo mantiene siempre limpio. Después de cocinar, cuide que la tapa no permanezca cerca de una hornilla caliente, ya que puede quemar la zapatilla. Guarde su olla limpia y bien seca con la tapa boca abajo. No la cierre herméticamente, pues produce mal olor dentro de ella. Cuando cocine en ella, use un reloj para medir el tiempo y si tiene un despertador, póngalo, porque es más seguro. No se distraiga en otros quehaceres mientras la olla está a la candela.

TABLA DE TIEMPO Y LÍQUIDOS APROXIMADOS PARA COCINAR EN LA OLLA DE PRESIÓN

	Tiempo	Cantidad de líquido
Arroz blanco, amarillo o congrí	5 a 6 minutos	*1 a 2 tazas por taza de arroz o congrí*
Macarrones	5 a 10 minutos	*3 tazas por taza de pasta y otras pastas*
Frijoles	30 a 45 minutos	*suficiente para cubrirlos*
Pollo asado o en fricasé	5 a 10 minutos	*¼ a ½ taza por pollo*
Pescado de masa blanca	5 a 10 minutos	*½ a 1 taza por libra de masa*
Sardina, machuelo, macarela o jurel.	5 minutos a fuego alto; 1 hora a fuego lento	*1 taza por cada 2 libras de sardinas, macarelas, etcétera*
Carne asada entera	20 a 30 minutos	*½ taza por libra de carne*
Carne asada en piezas	10 a 15 minutos	*½ taza por libra de carne*
Flanes y pudines	15 a 30 minutos	*1 taza*
Panqués	25 a 30 minutos	*no requieren agua en la olla*
Remolachas	10 a 20 minutos	*1 taza por libra*
Zanahorias	3 a 5 minutos	*½ taza por libra*
Habichuelas	2 a 3 minutos	*½ taza por libra*
Col y coliflor	3 a 5 minutos	*½ taza por libra*

CEREALES (ARROZ, MAÍZ, TRIGO)

Los antiguos romanos creían deberle a Ceres, una de sus diosas, todo cuanto sabían sobre el cultivo de la tierra. Cuenta la leyenda, que ella transmitió esos conocimientos a la humanidad en señal de agradecimiento porque un hombre protegió a su hija. De ahí se deriva la palabra cereales, con la cual designamos genéricamente a un grupo de alimentos, y el hecho implica que hasta nuestros días Ceres constituye para muchos pueblos un símbolo de agricultura.

A partir de la industrialización de los alimentos, este término se convirtió en los países con más desarrollo y algunas neocolonias en el nombre común de alimentos ya preparados casi siempre precocidos o listos para comer como los destinados a bebitos, las hojuelas de maíz o la avena que se cocina en pocos minutos. Los cereales son, realmente, el maíz, la avena, el arroz y el trigo. Así como todos los productos que con ellos se elaboran en forma de pastas alimenticias, pan, galletas y el trigo partido que en Cuba llamamos incorrectamente *arroz de trigo*.

Existen otras variedades de cereales como la cebada y el millo. Por lo general los pueblos consumen, fundamentalmente, un solo cereal como alimento básico, y ese suele ser el que de acuerdo con sus condiciones climatológicas mejor pueden producir. El maíz es el único cereal de América, por eso, aún hoy día, constituye un alimento esencial para muchos pueblos latinoamericanos. En otros, y en especial en el área del Caribe, donde las poblaciones indígenas —como en Cuba— fueron casi totalmente exterminadas, se trajo fuerza de trabajo esclava para producir azúcar. Junto con la colonia y la esclavitud vinieron otros alimentos y de ese modo llegó a Cuba el arroz y también el trigo que trajeron los españoles. Por eso todavía le llamamos a la harina de trigo harina de Castilla en muchas zonas del país.

La avena pudo haber sido traída en cantidades pequeñas por los españoles, especialmente los de origen celta, pero su uso no parece haberse generalizado hasta la etapa seudorrepublicana, fundamentalmente, en sectores minoritarios de la población que consumían productos importados de Estados Unidos de Norteamérica. Algunas personas la conocen en Cuba y en otros países latinoamericanos como cuaker, porque fue esa secta religiosa, cuáqueros, la que en Estados Unidos comenzó a molinarla, la convirtió en industria y le dio su nombre como marca de fábrica.

En la práctica diaria, el valor nutritivo de los cereales resulta intercambiable cuando no se consume siempre una misma clase. Pero si solo nos alimentamos con uno o dos cereales es bueno conocer algo acerca de la diferencia que existe entre unos y otros.

Por su valor proteico, la avena es el mejor cereal, le siguen el trigo y el arroz, que, a pesar de pequeñas diferencias, detectables a nivel de laboratorio, pueden considerarse equivalentes el uno con respecto al otro para el consumo humano.

El maíz es el cereal más pobre en proteínas, pero es el único que proporciona vitamina A en su forma vegetal de caroteno. Algunas variedades de maíz son comparables al trigo y al arroz, porque genéticamente se ha logrado mejorar su proteína.

La diferencia que existe entre los cereales, en la práctica, no es importante cuando evitamos consumir siempre el mismo y variamos nuestras comidas para aprovechar lo que cada uno nos ofrece en la preparación de comidas balanceadas.

Llamamos *pastas*, de modo genérico, a un grupo de alimentos elaborados sobre una base de trigo y fabricados industrialmente: macarrones, espaguetis, coditos, etcétera. Casi siempre los asociamos a la cocina italiana, porque identificados con esta, al comenzar la década de los años sesenta, fueron adquiriendo mayor popularidad en nuestro país. En Cuba, el hábito de comer pastas alimenticias y otros productos elaborados con trigo se ha incrementado y, sin dudas, en múltiples ocasiones sustituye al arroz. Si en nuestra cultura alimentaria, muchos piensan que donde no hay arroz no hay comida, para otros pueblos donde no hay pan, hay hambre. De tal modo, constituyen el trigo y el pan un símbolo de alimento que significa para algunos pueblos muestra de hospitalidad y buenaventura.

Desperdiciar pan significa botar recursos materiales y humanos. Por eso es importante aprovechar siempre hasta la última migaja. En innumerables recetas, tanto de postres como de comidas, podemos utilizar el pan viejo, el pan que como producto elaborado a partir del trigo es un cereal, puede también ser un sustituto del arroz en nuestras comidas.

El arroz aunque ha formado parte de nuestras costumbres durante siglos, no es un alimento oriundo de Cuba ni de América, sino de Asia. Parece haber sido introducido en Cuba poco después de iniciada la trata de esclavos negros y la explotación de trabajadores chinos.

En una comida balanceada, el arroz puede ser sustituido por otro cereal como el trigo, la avena o la harina de maíz. Como cualquier otro cereal, es preferible cocinar el arroz sin lavar y sin botar el agua, siempre que la calidad del mismo lo permita.

ARROZ BLANCO

Existen muchas variedades y calidades distintas de arroz según el grano y es diferente también la proporción de granos partidos en cada uno de ellos. Todo influye en el arroz cocinado y listo para servir.

Por eso, el arroz blanco desgranado, aunque es uno de los alimentos más fáciles de cocinar, resulta al mismo tiempo difícil de enseñar a preparar correctamente sin botarle el agua. Cada vez que cambia la calidad del arroz lo más probable es que cambie la proporción de agua por taza de arroz.

La mayoría de los arroces cocinan bien con esta proporción:

1½ tazas de agua   *1   taza de arroz*
1   cucharadita de sal

Si usted quiere determinar la proporción de agua que requiere un arroz que no conoce, cocine 1 taza de la variedad nueva con esa medida de agua.

Si queda duro el grano, ábrale un hueco al centro del arroz que está en la cazuela y échele 1 tacita —de las de café— de agua, tápelo bien y vuélvalo a cocinar. La próxima vez que lo cocine, aumente el agua desde el inicio. Si queda asopado, disminuya la medida de agua en el próximo arroz que cocine. Ese arroz asopado puede aprovecharlo para aumentar un arroz amarillo o hacer arroz con leche si tiene tiempo y arroz suficiente para cocinar una nueva cantidad.

Para que el arroz quede bien desgranado, hay algunos puntos importantes que debemos tener en cuenta. Lo primero es que el arroz sea de buena calidad, que desgrane bien.

Debe lavarse en el momento que se va a echar en el agua para cocinarlo, porque si se lava con anticipación absorbe humedad y queda asopado. Mientras se cocina, no debe revolverse, y menos con una cuchara. Si fuera necesario moverlo, hágalo con un tenedor de cocina, que tenga los dientes bien separados.

GRANO LARGO O GRANO REDONDO

Son las dos variedades básicas. En sentido general suelen ser mejores los arroces de grano largo para hacer arroz desgranado y los de grano redondo para hacer arroces asopados, arroz con leche, pudines de arroz, etcétera.

Esta regla no es fija y con habilidad cualquier buen cocinero sabe desgranar un arroz redondo y asopar un arroz largo. Todo depende de la proporción de agua por taza de arroz, el tipo de cazuela, especialmente la tapa empleada y el control del calor.

En Cuba, se prefiere el arroz de grano largo para hacer arroz blanco o amarillo, porque siempre cocina desgranado. El de grano redondo se dedica a aquellos platos como paellas, arroz con pollo y arroz con leche, porque no desgrana y, además, queda asopado.

GRANO ENTERO Y GRANO PARTIDO

Mientras más granos enteros tiene el arroz —no importa cuál sea la variedad— mejor es su calidad. Si en su casa están acostumbrados a sustituir el arroz por harina de maíz, pastas alimenticias, viandas o pan en algunas comidas, y a usted le sobra arroz, separe en dos vasijas, un poco del redondo y un poco del que tiene grano largo.

Así siempre tendrá el de la calidad precisa para ese plato especial que desea hacer un día señalado. Y si tiene tiempo, y un jibe, el arroz de grano partido pasado por el jibe separa cualquier variedad en dos calidades; una de grano entero para cocinar desgranado y otra de grano partido para arroz con leche y arroces asopados.

DIFERENTES FORMAS DE COCINARLO

EN CAZUELA

Eche el agua y la sal en la cazuela y póngala a hervir, cuando rompa el hervor añada el arroz ligeramente lavado si es necesario, cocínelo tapado y baje la candela cuando el grano esté blando pero no seco. Para que no se pegue en el fondo es importante bajar la candela a tiempo. También si lo desea puede añadir 1 cucharada de grasa al agua junto con la sal o un chorrito de jugo de limón y ajo machacado, a gusto.

EN CAZUELA CON AGUA FRÍA

Eche todos los ingredientes en una cazuela llana. Póngala a la candela; cuando rompa el hervor tape bien la cazuela y déjelo, aproximadamente 20 minutos a fuego vivo y 10 minutos más a fuego muy lento y bien tapado.

EN HORNO

El arroz, tanto blanco como amarillo o compuesto, puede terminarse de cocinar en el horno cuando hace falta una hornilla de superficie para hacer otra cosa y también puede hacerse desde un principio en el horno si ya lo tenemos encendido. Caliente bien el horno, vierta todos los ingredientes en un molde con tapa, hornéelo aproximadamente 30 minutos, abra el horno, revuelva el arroz con un tenedor, hornéelo unos 15 minutos más.

EN OLLA DE PRESIÓN

Eche todos los ingredientes, arroz, agua, sal, grasa u otros en la olla. Tápela sin ponerle la válvula y cocine el arroz durante 5 minutos a fuego vivo y 5 minutos más, aproximadamente, a fuego muy lento sin destapar la olla.

SALTEADO CRUDO

Cuando el arroz tiene mucho almidón, esta es la mejor forma (salteado crudo) para cocinarlo. Eche la grasa en la cazuela o en la olla de presión, sofría ligeramente el arroz crudo en la grasa caliente antes de añadirle el agua y la sal, luego cocínelo como siempre.

ARROZ AMARILLO CON POLLO, PESCADO, CARNES O MARISCOS Y PAELLAS

El secreto fundamental de cualquiera de estos arroces compuestos reside en:

1.- Usar las carnes crudas, no hervidas previamente.
2.- Aprovechar los menudos de pollo, los recortes de pescado o carnes, así como los carapachos o conchas de mariscos para hacer el caldo que usará en el arroz.
3.- Preferir una variedad de arroz redondo y remojarlo en agua un par de horas o más, antes de añadirlo al caldo.
4.- Sazonar el pollo, pescado o marisco crudo, como si fuera a prepararlos asados o guisados en cazuela.
5.- Condimentar el caldo y probarlo antes de añadirle el arroz. Debe quedar algo subido de condimentos antes de añadir el arroz para que no resulte desabrido después.
6.- Debe añadir el vino o cerveza poco antes de agregar el arroz, o mejor cuando el arroz ya está un poco cocinado. Esto depende de la calidad del vino, la cerveza y el arroz. Y lo más importante es servir el arroz acabado de hacer; cocinarlo sin dejar abrir demasiado el grano, aunque debe quedar cocinado, pero entero y blando; asopado o al estilo chorrera, sin empegotarse ni hecho puré.

ARROZ CON POLLO A LA JARDINERA

1	pollo (2½ libras)	1½	tazas de vino seco
½	taza de aceite	1	cucharada de vinagre
1	cebolla	2½	tazas de caldo de pollo
1	ají	1	libra de arroz
½	cucharadita de ajo en polvo	1	taza de habas limas
1	cucharada de sal	1	taza de maíz
¼	cucharadita de pimienta	1	taza de zanahorias
1	lata salsa de tomate	1	taza de petit pois

Separe la masa del pollo de los huesos. Haga con los huesos y menudos el caldo. Caliente el aceite, sofría el pollo, la cebolla, ají y ajo, todo picadito. Añádale la sal, pimienta, tomate, vino seco, vinagre, caldo, vegetales y arroz. Déjelo a fuego vivo hasta que rompa el hervor, y luego a fuego mediano tapado durante 30 minutos aproximadamente. **Da 6 raciones.**

ARROZ SALTEADO

Parecido al arroz frito pero con diferentes ingredientes; esta es una receta sencilla pero muy sabrosa. Puede hacerla con diferentes variedades de pescado fresco y también con pescado enlatado, salado, cocinado, etc.; modifique la cantidad de sal si fuera necesario y si no tiene cebolla puede usar cebollinos, berro o ajo puerro picadito.

Arroz
2 *cucharadas de grasa*
  (aceite o manteca)
2 *tazas de arroz*
2 *tazas de agua*
1 *cucharada de sal*
Pescado
1 *cucharada de grasa*
  (aceite o manteca)

Tortilla
1 *cucharada de grasa*
  (aceite o manteca)
3 *huevos*
¼ *cucharadita de sal*
1 *cebolla cruda*
Salsa
1 *cucharadita de azúcar*
2 *cucharadas de agua*

1   taza de masa de pescado crudo   2   cucharaditas de vinagre
¼   cucharadita de sal
¹⁄₈ cucharadita de pimienta

Sofría el arroz crudo en la grasa caliente hasta que se empiece a ver doradito. Añádale el agua y la sal y cocínelo tapado hasta que el grano se ablande. Mientras tanto sofría el pescado en la grasa junto con la sal y la pimienta. Bata los 3 huevos con la sal y prepare tres tortillas finitas. Corte las tortillas en tiritas y también la cebolla cruda. Écheselo todo al arroz. Tape la cazuela y prepare la salsa: derrita la cucharada de azúcar hasta que esté bien oscura, luego añádale el agua y vinagre y déjelo hervir hasta que el azúcar se disuelva. Échele la salsa al arroz, revuélvalo todo con un tenedor y sírvalo enseguida. **Da para 6 raciones.**

ARROZ CON TERNILLA

1   libra de ternilla con hueso   ¹⁄₈ cucharadita de comino
4   tazas de agua   ¹⁄₈ cucharadita de orégano
1   cebolla   1   hoja de laurel
3   dientes de ajo   ½   taza de vino seco
1   ají   5   cucharaditas de grasa
½   taza de puré de tomate   (aceite o manteca)
1   cucharada de sal   2   tazas de arroz
¼   cucharadita de pimienta molida

Haga un sofrito con la cebolla picadita, los ajos machacados y el ají picadito también; agregue el puré de tomate. Eche la ternilla en la salsa y añádale la sal, la pimienta, el comino, el orégano, la hoja de laurel, el vino seco y el agua. Déjelo cocinar ½ hora aproximadamente o hasta que la ternilla se ablande. Deben quedar por lo menos 2 tazas de caldo en la cazuela, luego agregue el arroz lavado, si es necesario, y déjelo cocinar hasta que se ablande. **Da para 6 raciones.**

ARROZ CON CARNE DE PUERCO

1	libra de carne de puerco	1	pimiento verde, grande
3	dientes de ajo	10	tomates maduros, chicos
1	cucharada de sal	1	cucharada de perejil, picadito
¼	cucharadita de orégano	1	cucharadita de azafrán tostado, bija o achiote para dar color
¼	cucharadita de comino		
¼	cucharadita de pimienta		
1	naranja agria o limón	1	litro de agua, aproximadamente
3	cucharadas de manteca de puerco	1	libra de arroz de grano largo
1	cebolla grande		

Corte la carne en trozos de casi 5 o 6 centímetros, y adóbela con los dientes de ajo machacados, la sal, el jugo de naranja agria o limón, el orégano, el comino y la pimienta. Manténgala en ese adobo alrededor de 2 horas, en el refrigerador; póngala a cocinar con todos los ingredientes del adobo y, cuando se seque, añádale un par de cucharadas de agua para que al secarse esta comience a soltar la grasa (debe soltar casi 3 cucharadas de grasa, pero si no es así, agregue aceite o manteca hasta alcanzar esa cantidad).

Haga en ella el sofrito con la cebolla, el pimiento y los tomates sin semillas y bien picaditos; cocínelo todo alrededor de 5 minutos, échele el resto del agua y déjelo hervir aproximadamente 15 minutos más o hasta que la carne esté medio blanda. Añádale el azafrán o bija disuelto en un poco de agua, el arroz limpio y lavado, si es necesario, y cocínelo tapado a fuego mediano durante 30 minutos en una cazuela tradicional o 10 minutos en olla de presión. **Da para 6 raciones.**

En esta receta, la cantidad de agua depende de la cantidad de carne de puerco, si es tierna, el agua no se consume tanto, si es dura requiere más cocción y gastará el litro completo. Cuando se vaya a echar el arroz en la cazuela, debe haber alrededor de ¾ taza de líquido en el que se ablandó la carne.

JAMBALAYA

3	cucharadas de aceite	¼	cucharadita de pimienta
1	libra de camarones	1	hoja de laurel
¼	libra de jamón	½	taza de vino seco
1	cebolla	1	cucharada de vinagre
1	ají	1½	tazas de tomate al natural
2	dientes de ajo		(se les quita la semilla pero
2	cucharaditas de sal		se dejan en pedazos grandes)
2	cucharaditas de sazonador	1$1/3$	tazas de arroz
	completo	1	latica de ostiones ahumados
1	cucharadita de salsa inglesa	1	cucharada de harina
¼	cucharadita de pimentón	2½	tazas de caldo

Pele los camarones crudos, quíteles la venita y si son grandes, córtelos a la mitad. Lave bien los carapachos y póngalos a hervir con 3 tazas de agua hasta que el líquido se reduzca a unas 2½ tazas.

Caliente el aceite y fría en él los camarones crudos. Cuando estén rosaditos, añada el jamón picadito en pedacitos como de una pulgada. Agregue la cebolla, ají y ajos batidos. Cuando esto se sofría un poco, añada la sal, el sazonador, salsa inglesa, pimentón, pimienta, hoja de laurel, vino seco y vinagre. Cuando rompa el hervor, añada el tomate, los ostiones con su líquido, y el arroz. Disuelva la harina en el caldo y agréguelo también. Déjelo tapado a fuego vivo, cuando rompa el hervor baje el fuego a mediano y cocínelo unos 30 minutos hasta que el arroz esté blando. Queda asopado. **Da 6 raciones.**

ARROZ CON PESCADO A LA JARDINERA

Con pescado —también con mariscos— combinan perfectamente los vegetales de nuestra tierra. De acuerdo con la época del año usted puede variar los ingredientes de esta receta. Procure siempre una combinación de vegetales verdes y amarillos, además de tomates frescos picaditos.

Esto le da un aspecto muy apetitoso al arroz. Déjelo asopado, preferiblemente a la chorrera. No lo deje secar demasiado. Sírvalo en cuanto el arroz se ablande.

1	*libra de pescado*	1	*macito de acelgas, berzas, espinacas, etc.*
2	*cucharadas de grasa (aceite o manteca)*	1½	*cucharadas de sal*
½	*taza de cebolla picadita*	¼	*cucharadita de pimienta molida*
3	*dientes de ajo*		
2	*cucharadas de perejil picadito*	1	*cucharadita de vinagre, limón o vino seco*
1	*taza de tomate fresco picadito*		
2	*zanahorias o mazorcas de maíz*	3	*tazas de caldo de pescado*
		2	*tazas de arroz*

Limpie el pescado y córtelo en pedazos o filetes. Use los espinazos, cabeza, piel, etc. para hacer el caldo.

Sofría el pescado en la grasa caliente y añádale la cebolla, los ajos machacados y los tomates; después la zanahoria cortada en rueditas y las verduras picaditas. Sazónelo todo con sal, pimienta y vinagre, limón o vino seco. Rehóguelo 1 o 2 minutos más, agregue el caldo y cuando comience a hervir, añada el arroz ya limpio y lavado, si es necesario. Tápelo y déjelo cocinar alrededor de 30 minutos a fuego mediano o hasta que el grano de arroz se ablande. Sírvalo enseguida. **Da para 8 raciones.**

ARROZ CON LANGOSTA

¼	*taza de aceite*	1	*hoja de laurel*
1	*libra de langosta limpia*	1	*cucharada de sal*
1	*ají*	1/8	*cucharadita de pimienta*
1	*cebolla*	½	*taza de vino seco*
1	*diente de ajo*	1	*sobre colorante de bija*
3	*tazas de agua*	1	*libra de arroz*

Muela la langosta con el ají, cebolla y ajo. Sofríalo todo en el aceite caliente, añádale el tomate, laurel, vino seco, sal y pimienta y déjelo 2 o 3 minutos. Añádale el agua, el colorante y el arroz y cocínelo a fuego lento como todo arroz amarillo.

ARROZ CON BACALAO

1	*libra de bacalao sin espinas ni piel*	1	*latica de puré de tomate (aproximadamente 1 taza)*
1	*libra de arroz*	1	*latica de pimientos morrones*
½	*taza de aceite*	1	*taza de vino seco*
1	*cebolla*	2	*tazas de agua (de la que se empleó para remojar el bacalao)*
1	*ají de ensalada*		
2	*dientes de ajo*		
1	*hoja de laurel*		

Se lava bien el bacalao y se remoja unas 2 o 3 horas. Se desmenuza un poco el bacalao y se sofríe en el aceite caliente. Se muelen los dientes de ajo con la cebolla y el ají, y se sofríen con el bacalao un poco más. Se le añade el puré de tomate, los pimientos morrones molidos con su líquido y el vino seco. Se deja al fuego y cuando rompa el hervor se le añade el agua y el arroz. Se deja a fuego vivo hasta que rompa el hervor y entonces se baja la llama a mediano hasta que el grano esté abierto y el arroz seco. **Da de 6 a 8 raciones.**

ARROZ CON CALAMARES

1	*libra de arroz de grano largo*	1	*taza de perejil picadito*
1	*libra de calamares*	2	*tazas de agua o caldo*
2	*cucharadas de aceite*	1	*taza de vino blanco seco*
1	*cebolla grande*	1	*cucharada de sal*
3	*dientes de ajo*	¼	*cucharadita de pimienta molida*
3	*pimientos morrones*	1	*cucharadita de vinagre*

Lave bien los calamares, límpielos y quítele las bolsitas de tinta. Píquelos en trocitos y sofríalos en el aceite con el ajo, la cebolla y dos pimientos previamente molidos. Añada el perejil, la pimienta, el vino seco, la sal y el vinagre. Tome un poco de la salsa y añádala a las bolsitas de tinta machacadas. Cuele la tinta y añádala a los calamares. Déjelos cocinar bien tapados y a fuego lento, aproximadamente 30 minutos. Agregue 2 tazas de agua o caldo. (El caldo que se emplea en esta receta debe ser de pescado blanco magro, no de pescado graso.)

Cuando el caldo empiece a hervir, eche una 1½ tazas de arroz, limpio y lavado. Bájele el fuego una vez que empiece a hervir el arroz y déjelo cocinar a fuego mediano, alrededor de ½ hora o hasta que el grano esté blando y se vea seco. Baje la candela y déjelo a fuego lento hasta el momento de servirlo. **Da para 6 raciones.**

HARINA DE MAÍZ CON JAIBA O CANGREJO

6	cangrejos o jaibas	2½	litros de agua o caldo
4	cucharadas de aceite	½	cucharadita de pimienta molida o ají picante añadido al sofrito, a gusto
1	cebolla		
3	dientes de ajo		
1	pimiento verde, grande	1	libra de harina de maíz seco, preferiblemente de la molida en forma gruesa
¾	taza de puré de tomate o aproximadamente 12 tomates maduros, chicos		

Lave bien los cangrejos con agua, cepillo y jabón si esto último fuera necesario, tratándose de cangrejos de la tierra. Límpielos y separe las patas o muelas del cuerpo o el pecho. Machaque un poco el carapacho de todas las partes comestibles del cangrejo incluyendo las patas, pero no saque la masa. Haga un sofrito con el aceite, cebolla, ajos, pimiento y tomate. Eche los cangrejos en el sofrito y cocínelos 2 o 3 minutos para que se impregnen de los condimentos. Añada la sal, la pimienta y el agua. Cuando todo comience a hervir agregue la harina de maíz y cocínela a fuego lento alrededor de 45 minutos, revolviendo de vez en cuando para que no se pegue. Sírvala caliente. **Da para 8 raciones.**

ARROZ CON CAMARONES FRESCOS O CONGELADOS

Si para esta receta usted emplea camarones congelados pero no pelados, debe dejarlos descongelar para pelarlos y con los carapachos hacer un caldo. Si usa camarones frescos, lávelos bien, pélelos y utilice los carapachos para hacer el caldo con ¾ de litro de agua, que debe hervir hasta reducirse a ½ litro.

1	libra de camarones frescos o congelados	1	ají picante, pequeño
		6	dientes de ajo
½	litro de vino blanco, seco	1	taza de puré o salsa de tomate
1	libra de arroz, de grano redondo	1	taza de pimientos maduros en conserva, al natural
½	taza de aceite de oliva		
2	cebollas	1	hoja de laurel
1	pimiento grande, verde, no picante	1	cucharada de sal

Caliente el aceite y fría en él los camarones crudos, ya limpios. (Fíjese en la parte dorsal de los camarones y si tienen la veta o tripa negra, ábralos para quitársela antes de cocinarlos.) Añada los ingredientes del sofrito (cebollas, pimientos y ajos) molidos y luego agregue el tomate, la sal, el laurel y el arroz remojado en 1 taza de vino durante aproximadamente ½ hora antes de echarlo en la cazuela. Agregue el caldo de los carapachos, caliente o hirviendo y el resto del vino. Déjelo cocinar tapado y a fuego mediano hasta que el arroz y los camarones estén cocinados. Destape la cazuela y déjelo secar alrededor de 5 minutos más a fuego lento. **Da 6 raciones.**

ARROZ CON LENTEJAS

Sin sofrito y con un puntico de azúcar, resulta deliciosa esta combinación de arroz con lentejas.

1	taza de lentejas	1	cucharada de sal
1	litro de agua	1	cucharada de azúcar
4	cucharadas de grasa	⅛	cucharadita de pimienta
	(aceite o manteca)	2	dientes de ajo o 2 cucharadas
2	tazas de arroz		de cebolla cruda

Cocine las lentejas en el agua hasta que se ablanden, luego escúrralas y separe 2 tazas de caldo.

Caliente 2 cucharadas de grasa y sofría en ella el arroz crudo, añádale las lentejas escurridas, sal, azúcar, pimienta y las 2 tazas del caldo de lentejas. Tápelo y déjelo cocinar hasta que el arroz se ablande y esté seco. Al momento de servirlo revuélvalo con un tenedor y agréguele las otras 2 cucharadas de grasa caliente con el ajo machacado o la cebolla picadita. **Da para 6 raciones.**

ESPAGUETIS CON HÍGADOS DE POLLO

½	libra de mantequilla	1	cucharadita de sal
1	libra de hígados de pollo	¼	cucharadita de pimienta
3	cucharadas de aceite	1	taza de queso rallado
1	cebolla	1	libra de espaguetis
4	tazas de salsa de tomate	3	litros de agua
		1	cucharada de sal

Derrita la mantequilla y sofría en ella los hígados de pollo y déjelos a fuego lento. Aparte y en una cacerola grande, caliente el aceite y sofría la cebolla picadita. Añada la salsa de tomate, sal, pimienta y queso. Déjelo a fuego lento mientras cocina los espaguetis en el agua hirviendo con sal y aceite. Escurra los espaguetis y viértalos en la cacerola que tiene la salsa. Déjelos unos minutos al fuego revolviéndolos para que no se peguen. Sírvalos cubiertos con los hígados y la mantequilla caliente. Polvoréelos con más queso rallado a gusto. **Da para 8 raciones.**

CANELONES RELLENOS

Canelones
½ *libra de canelones*
3 *litros de agua hirviendo*
1 *cucharada de sal*
1 *cucharada de mantequilla*
Relleno
⅛ *libra de mantequilla*
1 *cebolla chiquita*
½ *libra de jamón molido*
½ *taza de acelgas o espinacas picaditas*
½ *pechuga de pollo*
¼ *taza de salsa de tomate*
Unas ramitas de perejil

¼ *cucharadita de sal*
¼ *cucharadita de pimienta*
3 *cucharadas de queso parmesano rallado*
Salsa
⅛ *libra de mantequilla*
2 *tazas de leche*
4 *cucharadas de harina*
1 *cucharadita de sal*
¼ *cucharadita de pimienta*
2 *yemas de huevo*
2 *cucharadas de vino seco*
queso parmesano para polvorear

Caliente la mantequilla, sofría en ella la cebolla, perejil picadito, el jamón, la pechuga molida cruda y la acelga cruda muy picadita también. Añada el puré de tomate, sal, pimienta y queso parmesano. El picadillo se debe preparar de antemano para que esté fresco al rellenar los canelones. Cocine los canelones en el agua hirviendo con sal y mantequilla durante unos 10 minutos. Enjuáguelos en agua fría y rellénelos con el picadillo.

Ponga los canelones rellenos en un molde engrasado con mantequilla y cúbralos con la siguiente salsa:
Salsa:
Bata la mantequilla con la leche, harina, sal y pimienta, cocínela a fuego lento o baño de María[1], revolviendo hasta que se espese. Añada un poco de salsa a las yemas, únalo y

cocínela unos minutos más revolviendo constantemente. Al retirarla del fuego añada el vino seco.

Polvoree los canelones con queso parmesano rallado y horséelos a 375° F unos 15 o 20 minutos hasta que se doren.

MOLLETES

4	panecitos redondos cortados en 2 para sacarle el migajón	4	cucharadas de puré de tomate
		¾	taza de migas de pan
4	cucharadas de vino seco	1	cucharada de azúcar
4	cucharadas de agua	3	huevos
Relleno		2	cucharadas de vino seco
1	cucharada de grasa	$1/8$	cucharadita de orégano
1	cebolla picadita o ajo puerro	$1/8$	cucharadita de pimienta
3	dientes de ajo	2	cucharaditas de sal
¾	taza de carne, pollo, pescado o embutido molidos	2	cucharaditas de azúcar
		1	cucharadita de vinagre

Corte los panecitos en dos tapas o mitades, sáqueles el migajón. Una el vino seco, agua y azúcar. Rocíe los cascarones de pan con este líquido para que se humedezcan. Aparte remoje las migas de pan con las 2 cucharadas de vino seco.

Sofría la cebolla y el ajo, agregue la carne molida y haga un picadillo echándole el resto de los ingredientes, déjelo cocinar unos 5 minutos a fuego mediano. Retírelo del fuego, añada las migas de pan y revuélvalo todo para que quede bien unido. Rellene los cascarones con esta pasta, páselos por huevo batido y fríalos en grasa caliente, cuidando que no se quemen. **Da para 4 raciones.**

Esta receta se puede hacer también con relleno de frijoles cocinados, espesos y refritos.

[1] Baño María o baño de María. Hacer calentar o cocer alguna cosa en la vasija que está contenida dentro de otra, llena de agua hirviente, puesta directamente sobre el fuego. El procedimiento tiene por objetivo impedir que se evacuen o corten ciertas salsas que el fuego directo echaría a perder. También es de gran utilidad para recalentar manjares o conservarlos calientes.

FRIJOLES, SOPAS Y GUISOS

Los frijoles, como los cereales, han constituido durante siglos la base de la alimentación de numerosos pueblos. Por su valor en proteína vegetal constituyen un alimento económico para llevar a la mesa este importante nutriente. Con excepción de la soya, la proteína de los frijoles es incompleta; por eso debe acompañarse con algún cereal como arroz, maíz, avena o trigo en forma de pan, galletas o pastas alimenticias y pequeñas cantidades de algún alimento rico en proteína animal como los embutidos, huevo, queso, leche, yogur, pescado, vísceras o carne.

En nuestro país, la costumbre de servir frijoles en forma de potaje caliente se mantiene en cualquier mes del año; pero durante los meses más calurosos del verano estos se pueden emplear para sopas frías, ensaladas y algunos fiambres.

Para aprovechar mejor su valor como alimento, los frijoles deben cocinarse en la misma agua en que se remojan y no añadirle bicarbonato porque esto disminuye su valor en tiamina o vitamina B1. Cuando los granos son viejos y duros es mejor remojarlos en agua bien caliente, en lugar de añadirle bicarbonato. Para emplear este método de remojo; lave los frijoles, póngalos en la cazuela con agua hasta cubrirlos y colóquelos a la candela. En el momento que el agua rompa el hervor retírelos del fuego. Déjelos remojar en esa agua durante dos o tres horas, por lo menos antes de cocinarlos. Cocínelos en la misma agua del remojo.

Las sopas y los guisos cuando se preparan adecuadamente, tienen un buen valor nutritivo. Las sopas pueden ser claras o espesas. Las sopas y caldos claros tienen poco valor nutritivo, y su papel en el menú es sólo estimular el apetito ya que suelen ser muy sazonados.

Ese caldo de sustancia tan valorado por nuestras abuelas solo tiene sabor a carne de pollo porque las materias extractivas que le dan sabor a la carne pasan al caldo, pero el verdadero alimento, o sea, la proteína, se queda principalmente en la falda, pollo o carne y no en el caldo. Los caldos de sustancia con fideos o pastas, tienen valor nutritivo de acuerdo con la cantidad y calidad de los fideos que se emplean en su preparación. Los fideos o pastas se preparan con harina y son por lo tanto, principalmente energéticos.

Las sopas espesas a base de leche, puré de frijoles, garbanzos, etcétera, pueden ser un plato en cualquier comida.

Todos sabemos que después de un plato lleno de sopa espesa, a la mayoría de las personas les queda poco apetito para el resto de la comida. Por eso las sopas que se incluyen en un menú deben estar de acuerdo con los demás platos. Si el resto del menú es fuerte, la sopa debe ser ligera y servida en cantidades pequeñas.

Las sopas a la crema suelen prepararse con una base de salsa blanca o *bechamel*. Las proporciones más usadas para estas sopas de crema son de: 1 parte de vegetales cocinados por 2 partes de salsa. La mayoría de las sopas que se preparan con crema o leche y vegetal ácido como el tomate no deben dejarse hervir. Esto hace que tomen un aspecto desagradable, porque se *corta* la leche. Estas sopas industriales o de preparación casera, se hacen con los ingredientes ya cocinados y solo es necesario calentarlas, sin dejar que hiervan.

Si sabemos que los caldos tienen valor por su sabor, pero que no tienen gran valor nutritivo, el tiempo y gasto invertidos en la confección de caldos caseros es siempre mayor que los resultados obtenidos.

La preparación, de sopas caseras, es mejor realizarla a base de sopas a la crema y guisos espesos, etcétera. Con las ventajas de los caldos concentrados y enlatados se puede evitar ese problema de preparar un caldo diariamente. Los refrigeradores y congeladores permiten a aquellas personas que lo deseen, hacer un buen caldo, que después de colado y refrigerado, puede usarse durante varios días como base para sopas. También los cuadritos de caldos concentrados resultan indispensables en cualquier despensa.

Una buena sopa debe tener bonito color, apetitoso olor y agradable sabor. Debe estar a la temperatura adecuada y tener la consistencia correcta de acuerdo con la clase de sopa que sea. No debe tener exceso de grasa que flote en su superficie.

Las sopas y los caldos que se hacen con carne quedan más sabrosas cuando la carne se le añade pequeños en pedazos. Así pasa más el sabor de la carne al caldo. No le quite la espuma al caldo, esa espuma contiene las albúminas coaguladas de la carne que son muy nutritivas. Deje que el caldo hierva siempre lentamente y no a borbotones. Así es más sabroso y ahorra combustible. Los huesos de aves, carnero, chivo y puerco también sirven para darle sabor a las sopas y caldos. Para guardar el caldo no utilizado, enfríelo enseguida. No lo deje enfriar solo en la cazuela para luego guardarlo en la nevera o refrigerador. Un caldo que se enfría rápidamente se conserva más tiempo en buenas condiciones. Los restos sólidos de carne, tomate, huesos, etcétera, que se quedan en el caldo aceleran su descomposición, por eso es necesario colar siempre el caldo cuando quiera conservarlo durante varios días.

Conserve el caldo en una vasija con tapa y no le quite la grasa para guardarlo, pues esa capa de grasa y la tapa de la vasija evitan la penetración del aire y permiten que se conserve mejor durante más tiempo. Si es posible consérvelo en la nevera o refrigerador.

Para desgrasar un caldo, cuélelo por un paño fino. Cuando la grasa está fría y cuajada se puede desprender fácilmente de la superficie del caldo y luego colar el resto.

Caliente cada día la cantidad de caldo que necesita y si pasan más de dos días sin utilizarlo todo, hierva el resto nuevamente de 2 a 3 minutos, enfríelo rápidamente y vuélvalo a guardar.

Para congelar caldo puede usar los vasitos con tapa que se usan para envasar helado. También vasijas plásticas, de barro, loza o cristal. En la gaveta de hielo se puede congelar el caldo en porciones individuales del mismo modo que se hacen los cubitos de hielo. Al momento de servirlo basta calentar los trocitos hasta que hierva.

Las sopas pueden servirse calientes o frías. Las sopas calientes guardan más el calor si se enjuaga el plato o taza en que se van a servir en agua caliente antes de echarle la sopa. Del mismo modo, las sopas frías, como el consomé, borsch, gazpacho, etcétera, si desean tomarse bien frías, se sirven en tazas o platos previamente enfriados en el refrigerador o enjuagados con agua helada.

Casi todas las sopas resultan más atractivas si se sirven acompañadas de tostadas, rueditas de limón, pedacitos de aguacate o galleticas. Muchas sopas resultan deliciosas si las polvoreamos con queso y las doramos en el horno antes de servirlas.

Variantes del cocido y la olla española, los guisos, como plato de caldo que los cubanos generalmente usamos para *mojar el arroz* en lugar de comerlos con pan al estilo español, entraron temprano en la cocina colonial y a su amplio repertorio se incorporó el quimbombó, de origen africano. Alimento favorito de los negros esclavos y también de los sefarditas,[2] que le llaman *bahmia,* no fue solo a Cuba adonde llegó este vegetal que en otras islas del Caribe conserva su nombre congo de guingambó. También lo encontraremos en Brasil y en el sur de Estados Unidos de Norteamérica, especialmente en la ciudad de Nueva Orleáns, donde floreció el arte de la cocina como producto africano, español y francés.

Las diásporas africana y hebrea han contribuido a diseminar en diferentes regiones del mundo múltiples recetas de quimbombó. Los sefarditas y los árabes, porque sus religiones proscriben el consumo de la carne de puerco, suelen guisarlo con carnero.

En la cocina cubana hemos encontrado recetas para cocinar quimbombó que datan de 1856, publicadas en el *Manual del Cocinero Cubano*, de Eugenio Coloma y Garcés, vendido en La Habana y Matanzas —de acuerdo con anuncios publicados en *La Gaceta de La Habana*—[3] al precio de 10 o 12 reales, según fuera el ejemplar encuadernado en papel o pasta. Y de esa misma época es la contradanza de J. D. Díaz, titulada *El palito de quimbombó*,[4] así como la descripción que hace Arboleya[5] de las bolas de plátano *redondeadas a mano que llaman fufú*[6] *y se comen con ajonjolí y quimbombó*.

[2] Sefardita: Judío oriental de origen español. (N. del R.)
[3] En la sección de Libros e Impresos de *La Gaceta de La Habana* correspondiente al tercer trimestre del año 1856 publican múltiples anuncios de esta obra, que parecen haber comenzado el día 23 de octubre de ese año en la página 3, columna 5.
[4] Agradecemos este dato a Zoila Lapique, del Departamento de Colección Cubana, Biblioteca Nacional José Martí, La Habana.
[5] García de Arboleya: *Manual de la isla de Cuba*, 1852, p. 144.
[6] Fufú: Voz y forma de cocción de origen africano. En Cuba parece ser la adaptación al nuevo medio que realizó el esclavo de un método tradicional de cocinar yuca previamente pelada, fermentada y remojada, que aún conserva el pueblo yoruba, en Nigeria occidental.

SOPA DE MAÍZ TIERNO

3   mazorcas de maíz tierno
1   litro de agua
1   cucharadita de sal
1   cucharada de azúcar
1   cucharada de grasa
    (aceite o manteca)

1   cucharada de cebolla
1   taza de leche
2   yemas de huevo
    sal y pimienta a gusto

Ralle el maíz y muélalo. Hierva las tusas con el agua, la sal y el azúcar. Mezcle el agua en que hirvió las tusas con el maíz molido y cuélelo todo. Caliente la grasa y sofría en ella la cebolla teniendo cuidado de no quemarla. Añada el maíz colado y cocínelo como si fuera tamal hasta que hierva y cuaje un poco. Revuélvela para que no se pegue. Poco antes de servirla agréguele la leche mezclada con las yemas de huevo y sazónela con sal y pimienta a su gusto. **Da para 4 raciones.**

GUISO DE MAÍZ TIERNO

1   libra de carne de puerco
1   cebolla grande
4   dientes de ajo
1   pimiento verde grande
12 tomates maduros, chicos
8   mazorcas de maíz tierno
1   libra de papa

½   libra de calabaza
3   cucharadas de vino blanco seco
½   litro de agua o caldo
    de maíz
1   cucharadita de sal
1   cucharadita de pimentón
    dulce

Corte la carne de puerco en trozos de aproximadamente 5 centímetros y cocínela en 3 o 4 cucharadas de agua, para que al secarse el agua comience a soltar la grasa. Separe de esa grasa 4 cucharadas y sofría en ella la cebolla picadita, los ajos machacados y pelados, el pimiento y los tomates sin semillas, muy picaditos o molidos. Con un cuchillo afilado desgrane 6 mazorcas de maíz y corte las otras 2 en ruedas de aproximadamente 2 o 3 centímetros. Eche el maíz junto con las masas de puerco en el sofrito. Añádale el vino, el agua o el caldo de maíz, la sal y el pimentón. Cuando todo empiece a hervir agregue las papas y la calabaza, peladas y cortadas en pedazos. Tape la cazuela y cocínelo todo a fuego mediano durante casi ½ hora. Sírvalo caliente. **Da para 8 raciones.**

Para obtener el llamado *CALDO DE MAÍZ*, después que desgrane las mazorcas eche las tusas en ¾ litro de agua con un pedazo de cebolla, 1 diente de ajo y 1 cucharadita de sal y déjelo hervir hasta que esté reducido a ½ litro. Si lo prefiere puede emplear caldo de res, pollo o huesos de puerco.

GAZPACHO

12 *galletas de soda*	1 *cucharada de sal*
2 *ajíes pimientos*	½ *taza de aceite*
2 *tomates de ensalada*	¼ *taza de vinagre*
1 *cebolla chica*	5 *tazas de agua fría*
1 *cucharada de pimentón*	1 *pepino de ensalada*
	¼ *de libra de jamón en dulce*

Bata las galletas de soda en la batidora, la mitad de un ají, la mitad de un tomate y la cebolla. Añada la sal, el pimentón y revuélvalo hasta formar una pasta. Agregue poco a poco el aceite, el vinagre y el agua, el pepino cortado en ruedas muy finitas (el pepino no se pela), el resto del ají y el tomate cortados en pedacitos y el jamón molido. Déjelo enfriar bien y sírvalo como sopa fría. **Da aproximadamente para 10 raciones.**

Puede guardarse en el refrigerador de un día para otro.

Esta receta se puede variar echando en lugar de jamón, pescado, bacalao, mariscos y también puede añadir otros vegetales crudos o cocinados, tales como apio, zanahoria, guisantes, etcétera.

POTAJE MIXTO (MAZLUTA)

De la cocina árabe tomamos esta idea. Puede hacerse con diferentes combinaciones de granos, aunque casi siempre uno de ellos ha de ser lentejas. Adaptada al paladar criollo y a los ingredientes disponibles resulta una buena manera de aprovechar diferentes clases de frijoles.

3	litros de agua	2	cucharaditas de pimentón
½	taza de garbanzos	¼	cucharadita de pimienta
½	taza de judías	¼	cucharadita de comino,
½	taza de lentejas		laurel u otra especia,
½	taza de arroz		a gusto o unas ramitas
2	cucharadas de grasa		de hierbabuena
	(aceite o manteca)	4	cucharaditas de sal
2	dientes de ajo machacados	1	cucharadita de vinagre
	o 2 cucharadas de cebolla picadita		

Cocine primero los granos en el agua, cuando estén blandos añada el arroz y los condimentos. Déjelo cocinar a fuego lento alrededor de 30 minutos o más. El caldo debe quedar como una sopa espesa. **Da para 6 raciones.**

FRIJOLES ENCHILADOS

½	libra de frijoles colorados o bayos	4	cucharaditas de sal
		1	libra de boniatos
2	litros de agua		o 2 plátanos pintones
2	cucharadas de grasa (aceite o manteca)	1	cucharada de azúcar
		1	hoja de laurel o culantro
1	cebolla o 2 cucharadas de cebollinos picaditos	¼	cucharadita de comino molido
3	dientes de ajo	½	cucharadita de pimienta molida
1	ají grande		
½	taza de carne o embutido	2	cucharaditas de salsa china
½	taza de puré de tomate	1	cucharada de vinagre

Limpie bien los frijoles y póngalos a cocinar la noche anterior. Cuando estén blandos, bájelos de la candela (en olla de presión llevan menos agua). Al día siguiente haga un sofrito con la grasa, cebolla, cebollinos, ají y ajos. Échele la carne, tomates, sal, azúcar y demás especias. Cocínelos de 2 a 3 minutos. Mezcle los frijoles y su caldo con todo el sofrito y la carne preparada y déjelos cocinar a fuego lento 30 minutos. Añada las viandas peladas y cortadas en pedazos medianos. Cocínelo bien tapado 30 minutos más a fuego lento. Cuando se ablanden las viandas cocínelo de 2 a 3 minutos destapados para que se cuajen. Pocos minutos antes de servirlo, échele la salsa china y el vinagre. **Da para 6 raciones.**

CALDO DE POLLO

½ *pollo o gallina grande*
½ *libra de menudos de pollo*
1 *cebolla*
3 *dientes de ajo*
3 *tomates*
3 *ajíes*
1 *macito de perejil*
1 *litro de agua*
laurel o comino en grano a gusto

Corte la gallina en trozos. Póngale todos los demás ingredientes en una cacerola y déjelos en remojo durante ½ hora. Ponga la cazuela al fuego y cuando rompa el hervor baje la llama para que se cocine a fuego mediano durante 2 horas aproximadamente en la cacerola bien tapada. Cuele el caldo. **Da aproximadamente 4 tazas.**

Este caldo puede emplearlo en la forma que desee como base para sopas y cremas. Con fideos, papas y otras viandas, se convierte en una sopa muy común en todos los hogares.

CALDO DE PESCADO

Hágalo como el anterior sustituyendo el pollo por 2 libras de pescado o cabezas de pescado.

SOPA A LA MARINERA

- ¼ taza de aceite de oliva
- 3 dientes de ajo
- 1 cebolla
- 1 ají
- ½ libra de camarones
- 1 libra de pargo
- 1 libra de serrucho
- 1 o 2 ramitas de perejil
- 1 taza de tomate natural
- 4 clavos de olor
- 1 hoja de laurel
- ½ cucharadita de curry
- 1 cucharada de sal
- 2 cucharaditas de sazonador completo
- 1 libra de papas
- 4 tazas de agua hirviendo
- 1 cucharadita de azafrán
- ¼ taza de vino seco

Caliente el aceite. Sofría en él los dientes de ajo hasta que estén dorados. Saque los ajos. Sofría la cebolla y el ají cortado en tiras. Añádale los camarones pelados y sofríalos ligeramente. Agregue el pescado limpio, las papas cortadas en ruedas y todos los demás ingredientes, menos el vino seco y el azafrán. Ponga las hebras de azafrán sobre la tapa de la cazuela o en el horno hasta que estén tostaditas. Macháquelas y disuélvalas en un poquito del caldo. Únalo al resto del caldo y déjelo hervir a fuego lento durante 25 minutos. Cuide que las papas queden blandas y el pescado entero sin desbaratarse. Añada el vino seco. Sírvala con tostadas o pan frito. **Da 8 raciones.**

RECETA BÁSICA PARA SOPAS DE VEGETALES A LA CREMA

- 3 cucharadas de mantequilla
- 4 cucharadas de harina
- 2 tazas de leche
- 1 cucharadita de sal
- 1 taza de vegetales cocinados

Derrita la mantequilla sin dejar que se queme. Bata la harina con la leche y la sal. Añádala a la mantequilla y cocínela a fuego lento o baño de María hasta que hierva y espese ligeramente. Añádale el vegetal cocinado y déjala a fuego lento aproximadamente 2 o 3 minutos más. Si desea conservarla caliente por más tiempo déjela al baño de María. **Da para 4 raciones.**

Variaciones

Sopa de papas:
Use 1 taza de papas cocinadas o puré de papas.
Sopa de calabaza:
Use 1 taza de calabaza cocinada, en cuadritos o puré.
Sopa de zanahorias:
Use 1 taza de zanahorias cocinada, en cuadritos o puré.
Sopa de espinacas o acelgas:
Use 1 taza de espinacas o acelgas crudas. Bata las espinacas o acelgas crudas en la leche.
Sopa de tomates:
Use 1 taza de pulpa o jugo de tomate. Caliente primero el tomate y cuide que la sopa no hierva para evitar que se corte.
Sopa de remolacha:
Añada 1 taza de remolachas cocinadas, en cuadritos o puré.
Sopa de vegetales mixtos:
Use 2 tazas de vegetales mixtos. Use el agua de los vegetales como parte del líquido de la sopa.

Para aprovechar el agua de los vegetales en la preparación de la sopa: Use leche en polvo mezclándola con el agua de los vegetales, aumente la mantequilla a 4 cucharadas y emplee solo 2 cucharadas de harina. Utilice las proporciones siguientes:

4	*cucharadas de mantequilla*	1	*cucharadita de sal*
2	*cucharadas de harina*	6	*cucharadas de leche en polvo*
$1^{1}/_{3}$	*tazas de agua de los vegetales*	1	*taza de vegetal cocinado*

Derrita la mantequilla. Bata la harina con la leche en polvo, sal y agua de los vegetales. Proceda como en la receta básica.

Estas sopas a la crema pueden sazonarse a gusto con pimienta, nuez moscada, pimentón, sal de ajo, cebolla, etc. Si lo desea puede sofreír ligeramente 2 cucharadas de cebolla picadita en la mantequilla antes de añadirle la leche.

GUISO DE QUIMBOMBÓ CON POLLO Y BOLAS DE PLÁTANO

1/3	taza de aceite	1	lata de salsa de tomate
1	pollo (2½ libras)	1/3	taza de vinagre
1	cebolla	1	taza de caldo de pollo
1	ají de ensalada	1	taza de vino seco
2	dientes de ajo	3	tazas de agua
2	cucharaditas de sal	3	limones
2	cucharaditas de sazonador completo	1	libra de quimbombó
			2 o 3 plátanos pintones
¼	cucharadita de pimienta		

Caliente el aceite y dore en él el pollo con la cebolla, ají y ajos machacados, añádale la sal, el sazonador, pimienta, salsa de tomate, vinagre, caldo y vino seco. Cuando el pollo esté medio cocinado, añádale el quimbombó cortado en rueditas con el agua y jugo de limón. Déjelo todo al fuego hasta que el quimbombó esté blando. Añádale los plátanos hervidos, previamente reducidos a puré y en bolas.

Nota: El quimbombó debe lavarlo entero, y al picarlo deben caer las rueditas en el agua con limón, sin mojarlo al cortarlo. Si desea un guiso más espeso añada el quimbombó escurriéndole de antemano el agua con limón. **Da 6 raciones.**

CHÍCHAROS A LA CREMA

2 tazas de chícharos crudos
2 litros de agua (aproximadamente)
4 cucharadas de mantequilla
1 taza de leche (aproximadamente)
sal y pimienta a gusto

Cocine los chícharos hasta que se ablanden y páselos por el colador si fuera necesario, de manera que resulten como un puré espeso. Añádale la mantequilla, leche y sal y pimienta a gusto. Vuélvalos a poner a la candela hasta que comiencen a hervir y déjelos de 2 a 3 minutos más a fuego lento.

SOUFFLÉ DE CEBOLLAS

6 cebollas medianas
2 cucharadas de mantequilla
2 cucharadas de harina
1 taza de leche
1 cucharadita de sal
¼ cucharadita de pimienta
3 huevos

Cocine las cebollas en agua con sal hasta que estén blandas. Bata las cebollas con la harina, leche, sal y pimienta, póngalo todo al fuego con la mantequilla derretida, revolviéndolo hasta que espese, añada un poco a las yemas y únalo todo nuevamente. Deje refrescar esta mezcla, añádale las claras batidas a punto de nieve y viértalo todo en un molde engrasado. Hornéelo a 350° F unos 25 minutos. **Da 4 raciones.**

GUISO DE VEGETALES CON HUEVO

2 cucharadas de grasa (aceite, manteca o mantequilla)
1 cebolla o ajo puerro
1 ají o 2 cucharadas de perejil
½ taza de puré de tomate
1 hoja de laurel
2 cucharadas de vino seco
1 cucharada de vinagre
2 tazas de agua
1 libra de zanahorias

4	cucharaditas de sal	1	libra de papas
2	cucharaditas de azúcar	1	berenjena
½	cucharadita de pimienta	1	chayote
½	cucharadita de orégano	1	libra de col
½	cucharadita de comino	3	huevos duros

Haga un sofrito con la grasa, cebolla, ají y tomate. Añada la sal, azúcar y especias. Agregue vino seco, vinagre y agua. Cuando empiece a hervir añada las zanahorias cortadas, o enteras si son tiernas; luego, las papas, berenjena y chayote, pelados y cortados también en pedazos.

Tápelo y déjelo cocinar 20 minutos, aproximadamente, o hasta que los vegetales más duros estén casi blandos. Añada la col cortada en pedazos.

Cocínelo todo nuevamente entre 20 y 25 minutos más. Al servirlo añádale los huevos duros cortados a la mitad. **Da para 6 raciones.**

SOPA TÁRTARA

2	pechugas de pollo	3	dientes de ajo
6	tazas de agua	6	tomates
2	cucharaditas de sal	2	tallos o ramitas de apio
2	cucharaditas de sazonador completo	¼	taza de arroz
		4	huevos
1	ají grande		Unas ramitas de perejil
1	cebolla		

Ponga en una cacerola las pechugas de pollo con el agua, sal, cebolla, ají, ajo, tomates, perejil, apio y los menudos de pollo si los hubiera. Déjelo hervir a fuego mediano hasta que el caldo quede reducido a 4 tazas. Cuele el caldo y añádale el arroz lavado dejándolo nuevamente al fuego hasta que el grano esté abierto y blando. Muela la masa de las pechugas y añádala al caldo sazonándolo si fuera necesario con un poco más de sal al gusto. Vierta esta sopa bien caliente en los

platos o cacerolitas individuales donde previamente se ha puesto un huevo crudo o dos yemas. **Da 4 raciones.**
En lugar de 2 pechugas puede usar ½ pollo si lo desea.

GARBANZOS CON BACALAO

1	*libra de garbanzos*	1	*lata de puré de tomate*
1	*libra de bacalao sin espinas*	1	*lata de pimientos morrones*
½	*taza de aceite*	1	*hoja de laurel*
1	*cebolla grande*	1	*cucharadita de pimentón*
2	*dientes ajo*	¼	*taza de vino seco*
1	*ají grande*	½	*cucharadita de sal*
¹⁄₃	*taza de perejil*		*(aproximadamente)*

Remoje los garbanzos con el bacalao durante un par de horas. Bote el agua del remojo. Separe el bacalao de los granos. Cubra estos con aproximadamente 4 tazas de agua y póngalos al fuego hasta que se ablanden; aproximadamente 1 hora. Puede ablandarlos en olla de presión siguiendo las instrucciones del fabricante de la olla. Cuando ya los garbanzos estén blandos, caliente el aceite y añádale la cebolla y los ajos molidos. Déjelos sofreír unos minutos, añádales el ají molido y déjelos unos minutos más. Agregue a este sofrito el puré de tomate, los pimientos morrones molidos con el agua que traen, el perejil también molido, laurel, pimentón y vino seco. Vierta todo esto en una cacerola grande con el bacalao, los garbanzos ya blandos y aproximadamente 1 taza del agua que queda de la cocción de los garbanzos. Cocínelo todo a fuego lento bien tapado durante aproximadamente ½ hora. Sírvalo con pan frito más pimientos morrones. **Da aproximadamente 8 raciones.**
La cantidad de sal es variable porque depende del bacalao.

CARNES Y EMBUTIDOS

La carne es un alimento principal alrededor del cual gira la comida en la mayor parte de los hogares. Y es que la carne es una de nuestras principales fuentes de proteína. Por carnes entenderemos, desde luego, las de res, ternera, puerco, carnero, pescado, aves, etc. En proporción al peso, cualquier carne disminuye su contenido de proteína en la misma medida que aumenta su grasa.

El grado de dureza que ofrezca una carne depende de la clase del animal, la edad, el contenido de grasa, así como la parte del animal de la cual proceda, pues donde se mueve menos el músculo, la carne resulta más tierna. Es por esta razón que la carne del puerco, que apenas camina, pues se le encierra para cebarlo y sacarle además la manteca, suele ser siempre blanda.

La forma de cocinar una u otra carne depende en primer lugar del animal y de la parte de este que seleccionamos. Las carnes blandas se pueden asar al horno, en parrilla o saltear en la sartén, mientras que las carnes duras se deben emplear preferiblemente molidas o por métodos de cocción húmeda, que incluyen el hervido, guisado o estofado.

Las carnes frescas o congeladas requieren cuidado al conservarlas para que estén en las mejores condiciones al usarlas.

Las carnes frescas deben conservarse en la parte más fría del refrigerador, después de quitarles el papel que las envuelve, y si lo desea, puede envolverlas nuevamente en papel encerado. Las carnes congeladas deben guardarse inmediatamente en el congelador para evitar que se descongelen parcialmente, porque entonces puede ser peligroso congelarlas de nuevo. Si deseamos guardar carne fresca en el congelador para utilizarla durante la semana, debemos hacerlo en paquetes pequeños que se utilicen en un solo día.

Hace más de 5 000 años, los egipcios comenzaron la cría de aves con fines mercantiles. Los secretos del negocio se transmitían dentro de la familia y eran celosamente guardados por cada generación. Entonces los gallineros se hacían de barro. Tenían dos pisos y un horno que se utilizaba como incubadora. La capacidad de estos hornos servía para incubar hasta 90 000 huevos.

La carne de pollo y la de otras aves es un alimento rico en proteínas que se emplea como sustituto de la carne de res y de otros animales tanto terrestres como acuáticos.

De acuerdo con la grasa propia del ave puede ser necesario modificar la cantidad que en ocasiones requiere una receta.

En recetas como las del arroz con pollo, ensaladas y croquetas, el sabor se conserva mejor si el ave primero se cocina asada en horno o cazuela de acuerdo con la receta y no hervida previamente en caldo.

Si usted quiere, además, hacer sopa o caldo utilice los menudos, la punta de las alas y las patas bien limpias si el ave las conserva aún; pero no salcoche un pollo para después hacer arroz con pollo, ensalada o croquetas.

Cuando se trata de una gallina, sí es necesario salcocharla primero porque asándola en el horno o en cazuela por lo general queda dura.

Para asar la carne de las aves y que esta no resulte seca, debe añadirse la sal después de dorarla y cocinarla ligeramente.

Se ha comprobado que horneadas a bajas temperaturas las carnes resultan más jugosas y se encogen menos.

El tiempo de horneo solo puede calcularse aproximadamente, ya que varía de acuerdo con el tamaño y la calidad del ave. Cuando ya el muslo se puede mover con facilidad y la carne de los muslos al pincharla se siente blanda, el ave estará bien horneada. Siempre hay que tener en cuenta que la temperatura ideal del horno es entre los 325° F a 350° F.

Los menudos de pollo —como la carne y los menudos de las demás aves— son una buena fuente de proteína animal. El hígado es, además, fuente de vitamina A, riboflavina y hierro.

Cuando el núcleo familiar es pequeño a veces es necesario reunir los menudos de más de un pollo para algunas recetas. En ese caso, guárdelos en el congelador o compartimento del hielo en su refrigerador. Los vasitos de cartón que se emplean para envasar helados también pueden ser empleados para tal fin. Guarde siempre los menudos ya limpios especialmente las mollejas. Si usted no dispone de facilidades para conservarlos, cocínelos en el mismo día y preferiblemente dentro de las primeras 12 horas después de matar el ave. Cocinados sí los puede guardar en frío hasta el día siguiente, aunque no disponga de nevera para congelarlos.

La elaboración de embutidos es un arte muy antiguo. En el transcurso de los siglos, los pueblos han hecho nuevas contribuciones a la elaboración de este tipo de alimento que se conoce en el mundo entero. Cuando se abrieron nuevos caminos hacia el Oriente, los europeos conocieron otras especias y las emplearon en sus embutidos de acuerdo con sus preferencias de sabor y las limitaciones climatológicas. Así surgieron numerosas variedades.

El clima, factor determinante en la elaboración de embutidos, hizo que antes de existir la refrigeración cada pueblo adoptara, desarrollara y perfeccionara diferentes métodos de hacer embutidos. Los que vivían en climas cálidos dieron preferencia a los salchichones y jamones secos, que se conservan más tiempo aunque con menor rendimiento del animal, mientras que los habitantes de las tierras más frías se dedicaron a elaborar las variedades húmedas, cocinadas y ahumadas que en esos climas frescos se conservan mejor y ofrecen mayor rendimiento.

Hoy día, con buen uso de la técnica, casi todos los embutidos —secos, semisecos y húmedos— se pueden elaborar en cualquier país.

Los perros calientes y todas las carnes procesadas en forma de jamón, *mortadella, spam*, salchichas, etcétera, son alimentos de buen valor nutritivo. Al igual que la carne que se utiliza para fabricarlos, estos productos proporcionan al organismo proteínas y otros nutrientes. La carne que se hidrata para conservarla se hace más suave, más digestible y rinde más. Una libra de carne en forma de embutido rinde más que una libra de carne fresca, en bisté, carne asada, etcétera. Razón por la cual no debemos subestimar el valor de un buen perro caliente o una lasca de jamonada nutritiva.

Para pulpetas, carne fría y albóndigas es recomendable moler la carne dos veces si la cuchilla de la máquina de moler no es muy fina. Eso hace que la carne quede más compacta y no se desbarate al cocinarla.

Para hamburguesa, picadillo y fritas es mejor molerla una sola vez por la cuchilla mediana o gruesa. Para que la carne molida quede siempre jugosa no la manipule demasiado. Cuando usted amasa mucho la carne molida esta va perdiendo sus jugos y con ello pierde, además de su sabor, mucho de su valor nutritivo. No la aplaste con la espumadera cuando la esté cocinando en forma de hamburguesa. Añada puré de tomate, caldo y otro líquido a la masa de albóndigas.

Deje que la carne congelada, entera o molida, se descongele sola a la temperatura ambiente. No la ponga nunca bajo el chorro de agua ni la remoje para descongelarla rápidamente.

Con esto usted bota gran parte de los elementos nutritivos que se pierden cuando la carne se desangra en el agua.

Si usted no tiene facilidades para conservar la carne cruda en un lugar frío, cocínela el mismo día que la compra. La carne molida es más fácil de echarse a perder que una lonja o pedazo de carne entero.

Prepárela en forma de pulpeta o carne fría. Así puede guardarla uno o dos días aunque no disponga de mucho frío.

Aunque la mayoría de los alimentos mantienen su calidad y sabor cuando se conservan adecuadamente en el frío, esto no sucede con algunos embutidos de tipo húmedo o semihúmedo que modifican su sabor cuando se conservan más tiempo del requerido en un refrigerador o congelador. Los embutidos secos y salados se conservan más tiempo. Ante la duda de su calidad, si es necesario, cocínelos de 15 a 20 minutos antes de comer.

Tampoco deben lavarse las carnes para congelarlas. Los paquetes deben cerrarse herméticamente con papel engomado en el cual anotaremos lo que contiene cada uno, ya que una vez congelado resulta difícil determinar qué contiene cada paquete. La carne molida puede congelarse del mismo modo que la carne en piezas, pero sí debe limpiarse antes de molerla.

Para cocinar carnes debemos preferir temperaturas medianas o bajas a fin de reducir al mínimo el porcentaje de encogimiento y resequedad.

Asimismo, siempre que sea posible, deben condimentarse con sal después de doradas o cocinadas parcialmente, para que conserven mejor su condición jugosa. Los cortes de carnes menos blandas pueden mejorarse mucho con el ablandador de carne.

Al cocinar carnes congeladas debemos tener en cuenta que las que se descongelan antes de cocinarse se cocen con más uniformidad que las que se cocinan sin haberlas descongelado previamente. Por la misma razón que no debemos lavar las carnes frescas bajo el chorro de agua, tampoco debemos lavar ni remojar las carnes para descongelarlas.

A continuación encuentra usted un cuadro con los grados de cocción indicados para cada tipo de asado.

Carne de res bien cocinada (a la española)	170° F
Carne de res rosada (término medio)	160° F
Carne de res roja (a la inglesa)	140° F
Puerco	185° F
Carnero	180° F
Jamón	150° F
Ternera	180° F
Aves	185-190° F

Para asados use temperatura de 325° F en el horno.

Las carnes saladas en forma de embutidos, jamón, jamonada, etcétera, cuando se conservan durante algún tiempo pueden presentar una cubierta blanca o ligeramente verdosa, producto del moho. Cuando esto sucede, no es inevitable botarlas pero sí es necesario rasparlas bien antes de usarlas para comer o cocinar, pues estos cambios, que a veces son solo superficiales y no afectan el sabor, en algunos casos producen modificaciones en el mismo, debido al proceso de oxidación de la grasa, que puede ocurrir aún cuando se guardan en el refrigerador. Como es lógico, tal afectación del sabor del alimento impregna el potaje o guiso al cual se le añade y, por lo tanto, casi siempre es preferible no usarlo.

El tiempo que se puede conservar un embutido u otra forma de carne en un congelador o refrigerador doméstico, depende principalmente de la calidad inicial que tenía el alimento cuando se puso a enfriar, puesto que la refrigeración o la congelación solo puede preservarlo durante un tiempo en condiciones similares a las que poseía cuando se refrigeró o congeló. Pero el deterioro o enranciamiento que ya tenía en ese momento, no es un proceso reversible que cambie por el hecho de poner en el frío el alimento.

FRICASÉ DE POLLO

4	libras de pollo cortadas en cuartos	⅓	taza de grasa (aceite o manteca)
3	dientes de ajo	2	cucharaditas de sal
1	naranja agria	¼	cucharadita de pimienta
1	ají de ensalada grande	1	taza de vino seco
1	cebolla grande o 2 medianas	1	libra de papas cortadas en cuadritos
2	tazas de puré de tomate		
½	taza de agua		

Adobe el pollo de antemano con ajo machacado, naranja agria y ruedas de cebolla y ají. Dore el pollo en la manteca o aceite caliente, añádale las cebollas, ají, el jugo de naranja en que estuvo anteriormente, puré de tomate, vino seco, agua, sal y pimienta. Cuando esté a medio cocinar añádale las papas y termínelo de cocinar todo. Al momento de servirlo agregue si lo desea 1 taza de petit pois. **Da para 8 raciones.**

BROCHETAS DE POLLO

1	pollo	3	cucharadas de grasa (aceite, manteca o mantequilla)
6	cucharadas de salsa china		
6	cucharadas de ron		
1	cucharada de melado de caña	1	cebolla blanca grande
1	cucharadita de sal	1	pimiento verde
¼	cucharadita de pimienta molida	1	pimiento maduro
		6	hígados de pollo (opcional)

Corte el pollo en pedazos de 2,5 centímetros poco más o menos, separando la masa de los huesos (aproveche los huesos para hacer un buen caldo).

Adobe la masa de pollo con la salsa china, ron, melado, sal, pimienta y la grasa. Si va a usar hígados de pollo, córtelos a la mitad o en cuatro partes y adóbelos junto con el pollo.

Corte la cebolla y los pimientos en pedazos de 2,5 centímetros aproximadamente. Alrededor de 30 minutos antes de servir la comida prepare las brochetas o pinchos poniéndole pedazos alternos de pollo, hígado, cebolla y pimiento. Cocínelos al fuego de las brazas o bajo el dorador del horno untándole de vez en cuando el mismo adobo de la masa del pollo, hasta que la carne y el hígado estén cocinados a su gusto. **Da para 4 raciones.**

CRÊPES DE VOLAILLE (AREPAS DE POLLO)

El día anterior prepare un caldo de pollo así:

1	pollo de 3 libras	1	zanahoria
3	tazas de agua	1	tallo de apio
1	cucharadita de sal	2	dientes de ajo
1	ají grande		unas ramitas de perejil
1	cebolla		

Póngalo todo al fuego y déjelo hervir a fuego mediano hasta que el caldo quede reducido a 1 taza aproximadamente.

Al día siguiente prepare:

Salsa velouté

1/3 taza de mantequilla   1   taza de caldo de pollo
3½ cucharadas de harina

Derrita la mantequilla, añádale el caldo batido de antemano con la harina. Cocínelo a baño de María o fuego lento, moviéndolo constantemente hasta que espese.

Relleno de arepas

½	taza de champiñones	1	gota de salsa mexicana
2	cucharadas de cebolla picadita	1	taza de masa de pollo picadita (preferiblemente de la pechuga)
2	cucharadas de mantequilla		
1	cucharada de vino seco		
½	cucharadita de sal	2	cucharadas de salsa velouté

Derrita la mantequilla y dore en ella la cebolla, añádale los champiñones picaditos, vino seco, sal, salsa mexicana, masa de pollo y salsa *velouté*.

Arepas

1	taza de harina	1	huevo
1/8	cucharadita de sal	1½	tazas de leche
1/8	cucharadita de nuez moscada	2	cucharadas de mantequilla

Cierna la harina con la sal y la nuez moscada. Añádale el huevo batido, la leche y la mantequilla derretida. Debe quedar muy lisa y si fuera necesario puede pasarse por un colador para quitarle los grumos. Vierta esta masa en una plancha engrasada con mantequilla. Use ¼ taza del batido para cada arepa. Cocine las arepas por ambos lados hasta que estén doraditas. **Salen de 8 a 10 arepas.**
En el centro de cada arepa cocinada ponga aproximadamente 2 cucharadas del relleno. Enróllelas como canelones. Colóquelas en un molde llano engrasado, de manera que la parte de los bordes quede hacia abajo.

Cubierta

1	taza de salsa velouté	½	taza de crema de leche
1	yema de huevo	¼	taza de crema al 30%
¼	taza de mantequilla	¼	libra de queso parmesano

Ponga la salsa *velouté* en una cacerola pequeña. Añádale la crema ligera (crema de leche corriente) y cuando esté suave añádale la yema y la mantequilla; caliéntelo moviéndolo constantemente sin dejar que hierva. Bájelo del fuego y añádale la crema batida. Vierta esta salsa sobre las arepas rellenas, polvoréelas con el queso parmesano rallado y dórelas ligeramente al horno. **Da 5 raciones.**

POLLO GRILLÉ A LA MOSTAZA

3	libras de pollo	2	huevos
1	cucharadita de sal	¾	taza de galleta molida
¼	cucharadita de pimienta	¼	libra de mantequilla
1	cucharada de mostaza	1	taza de aceite

Corte el pollo en octavos. Polvoréelo con sal y pimienta. Úntelo con mostaza. Envuélvalo en huevo batido y galleta. Fríalo en la mantequilla o aceite caliente hasta que se vea ligeramente doradito. Coloque los pedazos de pollo en una tartera o en molde. Hornéelo a 400° F aproximadamente ½ hora o hasta que se vea doradito. **Da para 4 raciones.**

GUINEAS CON SALSA DE AVELLANA

2   guineas
1   limón
3   dientes de ajo
$1/8$ cucharadita de pimienta
¼   taza de aceite
1   cebolla
2   cucharaditas de sal

2   cucharaditas de sazonador
    completo
1   taza de vino seco
1   cucharadita de vinagre
¾   taza de pasas
½   taza de avellanas peladas

Corte las guineas en cuartos. Adóbelas con ajo machacado, jugo de limón y pimienta. Guárdelas en el refrigerador durante 1 hora. Dore las guineas en el aceite caliente con la cebolla cortada en ruedas. Cuando estén doradas, polvoréelas con sal y añádales el vino seco. Tápelas bien y déjelas a fuego lento durante 20 minutos. Añada las avellanas molidas o enteras y las pasas. Déjelo todo a fuego lento unos 10 minutos más. **Da 8 raciones.**

POLLO CAJÍO

1   pollo
2   dientes de ajo o un pedacito de cebolla
1   cucharadita de azúcar

2   cucharaditas de sal
2   cucharadas de salsa china
3   cucharadas de vino seco

Con un hacha —o dándole golpes al cuchillo con un mazo— corte todo el pollo en pedacitos de, aproximadamente, 5 centímetros.

Cada pedazo de pollo debe quedar con un pedacito de hueso. Machaque los ajos o muela la cebolla y mézclelo con el azúcar, sal, salsa china y vino seco. Eche esta mezcla por encima de los pedacitos de pollo y revuélvalos para que se mezclen bien con el adobo. Déjelos en esta preparación por lo menos 1 hora y si es posible desde el día anterior en la nevera o refrigerador.

Este pollo se puede hacer frito o al horno; para freírlo, mezcle alrededor de 1 taza de harina con 1 cucharadita de sal y ½ cucharadita de pimienta molida, pase los pedacitos de pollo por esta mezcla y fríalos hasta que estén dorados; para hacerlos en el horno, no los envuelva en harina, colóquelos en una tartera y hornéelos a 325° F (163° C) o bajo el dorador hasta que se vean bien doraditos los pedazos (aproximadamente 30 minutos). Mientras los esté cocinando brochéelos varias veces con el mismo adobo de salsa china, vino seco, etcétera. Sírvalo frío o caliente. **Da para 6 raciones.**

POLLO A LA VILLEROY

Pollo asado
3   libras de pollo cortadas en cuatro pedazos
1   naranja agria
2   dientes de ajo
¼   libra de mantequilla
1   cebolla
1   cucharadita de sal
¼   cucharadita de pimienta
1   taza de vino seco
    Grasa suficiente para freírlo, aproximadamente 1 libra

Salsa
¼   libra de mantequilla
2   tazas de leche
8   cucharadas de harina de trigo
1   cucharadita de sal
¼   cucharadita de pimienta
1   cucharadita de jugo de limón
2   cucharadas de vino seco

Empanizado
4   huevos
2   tazas de galleta molida

Adobe el pollo con ajo machacado y naranja agria. Déjelo 1 hora por lo menos en esta preparación y sofríalo en la mantequilla caliente con las ruedas de cebolla; cuando esté

dorado polvoréelo con sal y pimienta y añádale el vino seco. Tápelo y déjelo a fuego mediano hasta que esté blando (puede hacerse en olla de presión siguiendo las instrucciones del fabricante). Quite los huesos al pollo procurando que la masa quede en pedazos grandes, casi enteros.
Salsa:
Derrita la mantequilla y mezcle la leche con la sal, la pimienta y la harina. Añada esta mezcla a la mantequilla derretida y póngala al fuego revolviendo constantemente hasta que tenga espesor de crema bien doble (si al comenzar a espesar la salsa hace algunos grumos, bátala con más rapidez y quedará completamente suave). Cuando se vea bien el fondo de la cacerola, al revolver la salsa, bájela del fuego. Añádale el vino seco y jugo de limón. Vierta la mitad de la salsa en una fuente o plato llano, coloque sobre esta crema las masas de pollo y cúbralas con el resto de la salsa. Déjela enfriar bien hasta que la crema esté bien dura.

Tome los pedazos de pollo envueltos en la salsa, páselos dos veces por huevo batido y galleta. Fríalos en la manteca caliente (375º F). Sírvalos calientes con rueditas de limón y adornado con ramitas de perejil. **Da para 6 raciones.**

PATOS CON SALSA DE NARANJA

2 patos de aproximadamente
4 libras cada uno

Relleno
2 cucharadas de mantequilla
1 cebolla chiquita
2 hígados de pato
½ libra de jamón de cocina
4 rebanadas de pan de leche
½ taza de leche
2 cucharadas de vino seco
1 taza de pasas

Salsa
1 taza de jugo de naranja
1 cucharada de ralladura
 de naranja
3 cucharadas de harina
¼ cucharadita de sal
¼ cucharadita de sazonador
 completo
½ taza de azúcar prieta
1/3 taza de azúcar blanca

Relleno:
Caliente la mantequilla, sofría en ella los hígados picaditos y la cebolla molida; cuando la cebolla esté dorada añada el jamón molido y déjelo al fuego unos minutos revolviéndolo para que no se pegue. Añádale las pasas y el pan remojado de antemano en la leche y vino seco. Rellene con estos los patos, ciérrelos cosiendo la piel y hornéelos a 325° F durante 2 horas aproximadamente.

Salsa:
Una bien todos los ingredientes y póngalos al fuego revolviéndolos hasta que la salsa tenga ligero espesor de crema y esté transparente. Déjela refrescar ligeramente.

Sirva los platos bordeados de puré de papas, cubiertos con la salsa y adornados con pedacitos de naranja. **Da 8 raciones.**

CARNERO EN CHILINDRÓN

Emplea un pecho y 2 paletas de carnero, con un peso aproximado de 9 a 10 libras entre masa y hueso.

(Para hacer el chilindrón de chivo debe escogerse un animal chico de 2 meses de nacido, aproximadamente).

1	cabeza de ajo	1	macito de perejil
1	cucharadita de comino	3	dientes de ajo
1	cucharadita de orégano	1	taza de puré de tomate
½	cucharadita de pimienta	1	libra de tomates frescos
1	cucharada de sal	1½	tazas de vino seco
2	naranjas agrias	¼	taza de vinagre
…		1	hoja de laurel
½	taza de grasa	1½	cucharaditas de sal
	(aceite o manteca)	½	cucharadita de pimienta
2	libras de cebolla	½	cucharadita de comino
1	libra de ají	½	cucharadita de orégano

Limpie la carne y córtela en trozos con los huesos. Adóbela toda con ajo machacado, comino, orégano, pimienta, sal y naranja agria. Déjela en esta preparación, por lo menos 2 horas y preferiblemente de un día para otro, si tiene facilidad de guardarla en nevera o refrigerador. En una cazuela grande, caliente la grasa y dore los pedazos de carnero. Añádale las cebollas molidas con los ajos, luego los ajíes, también molidos, y el perejil picadito o molido. Cocínelo todo de 2 a 3 minutos. Añada los ingredientes del adobo que le quedaron en el recipiente donde estaba el carnero, el puré de tomate y el tomate fresco bien picaditos sin semillas. Déjelo cocinar de 5 a 10 minutos y luego échele el vino seco, vinagre, laurel, sal, pimienta, comino y orégano. Tape la cazuela y manténgalo a fuego mediano, aproximadamente, 1 hora o hasta que la carne se ablande. **Da para 25 raciones.**

RABO ALCAPARRADO

Use 2 rabos de res, limpios y cortados por las coyunturas en tramos de aproximadamente 10 o 15 centímetros y sin exceso de grasa.

½	taza de aceite de oliva	¾	litro de vino tinto, seco
1	libra de cebolla	5	cucharadas de pasas
½	cabeza de ajo	1½	cucharadas de sal
3	pimientos verdes, grandes,	5	cucharadas de aceitunas
	no picantes (asados y pelados)	5	cucharadas de alcaparras
½	taza de perejil picadito	½	cucharadita de comino
1	taza de salsa de tomate	¼	cucharadita de orégano

Lave bien los pedazos de rabo y séquelos con un paño o papel absorbente. Fríalos en la grasa caliente hasta que se doren. Saque los pedazos de rabo de la cazuela y en esa misma grasa sofría las cebollas, los ajos, los pimientos y el perejil, todo bien picadito o molido. Échele el tomate y los pedazos de rabo; añada todos los demás ingredientes. Revuélvalo y cocínelo aproximadamente 1 hora en olla de presión o durante 3 horas a fuego mediano con la cazuela siempre tapada. Si fuera necesario agregue más vino tinto. **Da 8 raciones.**

RABO ENCENDIDO

Hágalo igual que el anterior, pero añádale más picante por medio de ajíes picantes o salsa preparada a base de estos. En esta forma se puede omitir la pimienta y también el alcaparrado (pasas, aceitunas y alcaparras), si lo desea.

PAVO RELLENO

1 pavo de 18 libras	½ libra de mantequilla
3 dientes de ajo	1 cucharada de sal
1 cucharada de sazonador completo	½ cucharadita de pimienta
2 naranjas agrias	

Relleno

1 libra de jamón	1 taza de leche
1 libra de castañas asadas	1 taza de nueces o almendras
1 libra de pan de leche	1 taza de jerez seco
¼ cucharadita de pimienta	1½ taza de pasas
¼ cucharadita de nuez moscada	1 cebolla
1 cucharadita de sazonador completo	¼ libra de mantequilla
1 cucharadita de sal	

Limpie el pavo. Machaque los dientes de ajo con la sal y la pimienta, agregue el jugo de naranja agria y unte el pavo por dentro y por fuera con este mojo. Déjelo por lo menos 2 horas en este adobo. Ponga en una cacerola la molleja y cúbrala con agua, déjela hervir a fuego mediano hasta que se ablande. Cuando la molleja esté casi blanda, añada el hígado y déjelo hervir unos 10 minutos. Muela la molleja, el hígado, el jamón, las pasas, las castañas y las almendras o nueces peladas. Desmenuce el pan y remoje las migas con la leche y

el vino seco. Muela la cebolla y sofríala en la ½ libra de mantequilla. Añádale la molleja, el hígado, el jamón, las castañas, las pasas y las almendras molidas y sofríalo todo unos minutos. Agregue las especias y rellene el pavo con esta mezcla. Ciérrelo con agujetas o cósalo bien. Unte el pavo con el resto de la mantequilla y colóquelo en una tartera. Hornéelo a 325° F, alrededor de 6 horas, untándole de vez en cuando mantequilla. **Da 25 raciones aproximadamente.**
Esta cantidad de relleno es para un pavo grande. Si usted desea utilizar esta misma receta para un pavo más pequeño, disminuya proporcionalmente los ingredientes del relleno y también el tiempo en el horno.

CARNE FRÍA

1 libra de carne cocinada (falda de la sopa)	⅓ taza de pepinillos encurtidos
	½ cucharadita de sal
1 queso crema de 8 onzas	1 cucharadita de mostaza
1 latica de jamón del diablo	¼ libra de mortadella
⅓ taza de cebollitas encurtidas	

Muela la carne, *mortadella,* cebollitas y pepinillos, únalo con el resto de los ingredientes y amáselo hasta que esté bien unido. Envuélvalo en papel encerado, dándole forma de cilindro y póngalo en el congelador un par de horas. Sírvala cortada en ruedas con galleticas saltines. Si lo desea puede ponerle al centro al enrollarla, aceitunas rellenas con pimientos las cuales se verán muy bonitas al cortar la carne.

PASTEL DE CARNE Y MAÍZ

Relleno
3 cucharadas de aceite
½ libra de carne de res molida
½ libra de jamón molido
1 cebolla molida

Cubierta
1¼ tazas de harina de todos los usos
¾ taza de harina de maíz
¼ taza de azúcar

¼ cucharadita de sal
1 ají molido
1 taza de alcaparras
½ taza de vino seco
1 cucharada de azúcar
1 cucharada de harina

4½ cucharaditas de polvos
    para hornear
1 cucharadita de sal
1 huevo
²/₃ taza de leche
¹/₃ taza de mantequilla derretida

Para el relleno se prepara un picadillo cocinando la carne en el aceite caliente añadiéndole los demás ingredientes. Se puede hacer con carne de res solamente (1 libra); pero es necesario en ese caso aumentar la cantidad de sal. Coloque el picadillo ya cocinado en un molde de pastel al cual se le han engrasado los lados, cubra el picadillo con la siguiente masa.

Cierna las harinas con el polvo para hornear, azúcar y sal. Bata el huevo con la leche y la mantequilla derretida, añádale los ingredientes secos revolviéndolo ligeramente con un tenedor, no lo bata demasiado, vierta esta mezcla sobre el picadillo y hornéelo todo a 425º F, durante 30 minutos. Sírvalo caliente poniéndole al servirlo 1 cucharada de mantequilla que se derretirá con el calor y polvoreándolo con azúcar granulada.

COSTILLAS DE PUERCO A LA BARBACOA

3 libras de costillas de puerco
¾ taza de ketchup
¾ taza de vinagre
¾ taza de vino seco
¾ taza de agua
1 cebolla picadita
1 diente de ajo machacado

2 cucharaditas de sal
½ cucharadita de pimienta
   molida
1 cucharadita de salsa inglesa
¼ cucharadita de salsa tabasco
3 cucharadas de azúcar

Lave bien las costillas de puerco y quítele un poco de grasa si fuera necesario.

En una cacerola ponga al fuego el *ketchup* con el vinagre, vino seco, agua, cebolla, ajo, sal, pimienta, salsa inglesa, tabasco y azúcar. Déjelo hervir a fuego lento unos 20 minutos, moviéndolo de vez en cuando. Vierta esta salsa sobre las costillas de puerco y déjelo todo en el refrigerador durante unas 3 horas o durante la noche.

Para cocinarlas ponga las costillas en un molde llano, cúbralas con la salsa y hornéelas a 350° F durante 1½ horas aproximadamente o hasta que estén blandas. **Da unas 6 u 8 raciones.**

Si no tiene horno pueden cocinarse a fuego lento en una cazuela llana.

PESCADOS Y MARISCOS

Desde la época prehistórica y en todas las regiones de la Tierra, aun en aquellas que son demasiado frías para la agricultura, el hombre ha encontrado en las aguas un sustento económico. En busca de este siguieron nuestros antepasados primitivos el curso de los ríos y las costas de los mares. Igual que la búsqueda de las especias trajo al europeo hasta nuestro continente, la pesca difundió al hombre por todas las tierras.

Los peces primitivos no eran como los que hoy conocemos. De aquellas especies extintas quedan solo algunos supervivientes, entre ellas, el esturión, cuyas escamas son duras —casi óseas— y tienen una superficie que parece esmalte. Su carne es muy estimada en el mundo entero, así como sus huevas, con las cuales se hace el caviar.

Aunque son diferentes y de aspecto exterior a veces tan raro para nosotros como un pez prehistórico, los peces de aguas frías son tan sabrosos como los de aguas tropicales. Del mar, casi todo se come... hasta las algas. En Chile existe una variedad de alga marina llamada cochayuyo que constituye un plato popular delicioso.

Como el que juzga un libro por la cubierta, hay quien discrimina algunos pescados porque son feos, cuando lo que cuenta no es su color ni su forma, sino su valor nutritivo y su sabor, este último determinado generalmente por la forma de cocinarlo.

El maltrato culinario a que son sometidas algunas variedades de pescado no es cosa inherente únicamente a nosotros, aunque resulte doblemente imperdonable por nuestra condición insular. Casi todos los pescados pueden ser tan sabrosos como un pargo, aguja o serrucho, si lo sabemos cocinar. El que no sirve para ruedas o para freír es ideal para hacer arroces, macarrones, croquetas, pastas de bocaditos, guisos y sopas. Frescos o enlatados y congelados, secos o salados son un magnífico alimento. Los pescados procesados alimentan igual que los frescos.

El sabor, textura y apariencia de las distintas clases de pescado son muy variables, pero existe una regla básica para cocinarlos: no lo cocine demasiado. Temperatura moderada y durante poco tiempo, es el secreto de muchas recetas en las cuales el pescado queda tierno, jugoso y suave. El contenido de grasa determina cuál es la mejor forma de cocinar cada variedad de pescado. El atún, la macarela, el salmón y la aguja son pescados con grasa, generalmente, mejores para asar o guisar que para freír.

Como la carne de res o la de puerco, el pescado se puede salar y ahumar para conservarlo sin refrigeración. En algunos países el pescado crudo —bien aliñado y macerado en jugo de limón con sal y especias— constituye un plato muy popular.

El pescado no es alimento especial para el cerebro; las huevas, ostiones, etcétera, tampoco tienen poderes especiales para el vigor sexual; pero todos los animales acuáticos comestibles contribuyen a una mejor salud, porque son fuentes de proteína, necesaria para la vida, el crecimiento y el desarrollo.

Una ración de pescado o marisco equivale a igual cantidad de carne de res, puerco o pollo. Su proteína es del mismo valor biológico; proteína completa y de alta calidad. Además de proteína, los pescados y mariscos aportan a nuestra alimentación vitaminas y minerales en cantidades variables. Encontramos en casi todos: yodo, hierro, tiamina (vitamina B1) y riboflavina (vitamina B2). Las variedades de masa grasa aportan además vitamina A y D. Los pescados de espina blanda y comestible, como las sardinas procesadas, nos ofrecen en estas, una buena cantidad de calcio.

Para comer pescado o marisco no es necesario tomar vino, malta, leche o cerveza. Estas bebidas son un acompañamiento agradable o nutritivo, pero no son indispensables para digerirlos. Ningún alimento necesita de otro para ser digerido. El pescado con dulce no hace daño ni intoxica; esta es una creencia errónea. Usted puede comer pescado con cualquier otro alimento sin perjuicio alguno para su salud. Ningún alimento es incompatible con otro. La leche con frutas, por ejemplo, tampoco hace daño. Aunque no coma fruta, la leche se corta al llegar al estómago. Si no se cortara, no la podríamos digerir.

Para cocinar pescado cualquier grasa comestible sirve: aceite, manteca, mantequilla, manteca de coco, etcétera. Todas se pueden emplear en diferentes recetas. Si tenemos en cuenta que algunas grasas como el aceite —especialmente el de oliva— la mantequilla y la manteca de chicharrón dan sabor a los alimentos, otras grasas con ausencia de sabor y aroma pueden ser igualmente agradables al paladar si utilizamos especias, perejil, limón, vinagre, cilantro, vino, etcétera. Así lograremos platos muy sabrosos con cualquier variedad de pescado.

El pescado queda duro y seco cuando se cocina demasiado, porque como la masa tiene poco tejido conjuntivo, se ablanda enseguida. Si queda seco no es por falta de grasa, sino por mucha candela. El pescado, como el hígado de res, mientras más se cocina, más duro y seco se pone. Saber cuándo el pescado está cocinado es muy fácil: cuando usted vea que pierde su aspecto semitransparente y cristalino; cuando la masa se pone opaca y al pincharlo con el tenedor está blanda y se desprende fácilmente. Cuando esto sucede, no lo cocine más, ya está listo para comer.

PISTO BILBAÍNO

2   cucharadas de grasa
    (aceite, manteca o mantequilla
¼   taza de cebolla o ajo puerro
½   taza de ají
¼   taza de perejil
1   taza de tomates pelados
½   taza de papas fritas
½   taza de zanahorias hervidas

½   taza de habichuelas hervidas
½   taza de col cruda
½   taza de pescado cocinado
1   cucharada de sal
1   cucharadita de pimentón
½   cucharadita de pimienta
6   huevos

Sofría la cebolla, ají y perejil picaditos en la grasa caliente, añada la taza de tomates pelados y picados, sin semillas, déjelo cocinar de 2 a 3 minutos y después agregue las papas, zanahorias, habichuelas cocinadas y cortadas en cuadritos, así como la col cruda y el pescado desmenuzado. Sazónelo todo con 2 cucharaditas de sal, pimentón y pimienta. Cocínelo de 2 a 3 minutos, revolviendo para que no se pegue. Añádale los huevos batidos con la cucharadita de sal restante y manténgalo en la candela 5 minutos más, revolviendo constantemente hasta que cuaje.

Sírvalo sobre ruedas de pan tostado y adórnelo con pimientos asados, tomates, perejil, etcétera, a su gusto. **Da para 6 raciones.**

SALPICÓN DE PESCADO

2½ tazas de merluza,
    calamares u otro marisco
    hervido y molido
    o desmenuzado

¼   cucharadita de pimienta
    molida
¼   cucharadita de laurel,
    comino u otra especie molida

1   cucharadita de sal
2   cucharadas de pimentón,
    puré de tomate, sofrito
    u otro condimento a gusto
5   huevos
1   taza de pan viejo rallado
    o molido (aproximadamente)

Mezcle el pescado o marisco con los huevos batidos, sal y condimentos. Agréguele pan hasta que la mezcla pueda unirse para darle forma de cilindro o salchichón. Envuélvala en un paño untado con manteca, aceite o mantequilla; amarre bien los extremos del paño para que la masa no se salga.

Cocínelo durante 1 hora en agua hirviendo de manera que el agua siempre lo cubra (añádale al agua 1 cucharada de sal, 1 hoja de laurel y 1 cucharadita de pimienta en grano, pimienta gorda u otra especia a gusto). Después de hervido, quítele el paño y déjelo enfriar para cortarlo en lascas finas. **Da para 12 raciones, aproximadamente.**

PESCADO EN SALSA VERDE

1½ libras de filetes o ruedas
    de serrucho o aguja
Salsa verde
1   diente de ajo
1   taza de aceite
1   rueda de cebolla
1   cucharadita de sal
2   cucharadas de vinagre
½   taza de vino seco
1   taza de perejil

Bata todos los ingredientes de la salsa. Coloque los filetes o ruedas de pescado en una sartén y cúbralos con la salsa. Cuando la salsa empiece a hervir tape bien la sartén y déjelo cocinar a fuego lento unos 15 minutos. **Da 6 raciones.** Sírvalo con papas o arroz blanco.

PESCADO CON QUESO

1   cebolla
½   libra de queso patagrás
1   cucharadita de mostaza
1   cucharadita de sal

2 libras de filetes de pargo
1 cucharada de mantequilla
1 taza de leche fresca
1½ cucharaditas de salsa inglesa
1 cucharadita de sazonador completo
½ cucharadita de pimienta

Bata la cebolla y el queso por separado. Lave bien los filetes de pargo y séquelos con un paño o papel absorbente. Engrase un molde llano con la mantequilla y coloque en el fondo la mitad de la cebolla y el queso, póngale encima los filetes de pargo, cúbralos con el resto de la cebolla y el queso. Bata la leche con la salsa inglesa, mostaza, sal, sazonador y pimienta; vierta esto por encima del pescado y hornéelo todo a 350° F durante aproximadamente 45 minutos. **Da 6 raciones.**

ESCABECHE

3 libras de serrucho cortado en ruedas
1 taza de harina de trigo
1 taza de aceite de oliva
2 cebollas
2 ajíes
1 taza de aceitunas aliñadas
½ taza de alcaparras
1 cucharada de sal
½ cucharadita de pimienta molida
½ cucharadita de pimentón
Aceite de oliva y un buen vinagre a partes iguales para cubrirlo.

Envuelva las ruedas de serrucho en harina y fríalas en el aceite caliente, sofría ligeramente en ese aceite después de freír el pescado, la cebolla cortada en ruedas y el ají cortado en tiritas.

Ponga el pescado frito, las cebollas, ají, aceituna, alcaparras, sal, pimienta y pimentón, etcétera, en un recipiente de loza o barro que tenga tapa, cúbrala con partes iguales de aceite de oliva y vinagre. Déjelo en salmuera durante 7 días por lo menos. **Da de 10 a 12 raciones.**

CANGREJOS ENDIABLADOS

2	tazas de masa de cangrejos	1	cucharadita de mostaza
¼	libra de mantequilla	1½	tazas de migas de pan
1	cucharada de cebolla picadita		(4 rebanadas de pan de leche)
2	cucharadas de jugo de limón	2	huevos duros
1	cucharada de perejil picadito	2	cucharadas de vino seco
1	cucharadita de sal	¼	taza de galleta molida
¼	cucharadita de pimienta molida		

La masa de cangrejo, si este es fresco, debe estar previamente hervida y desmenuzada (puede hacerse también con langosta).

Derrita la mantequilla y sofría en ella la cebolla, cuando esté doradita añádale el jugo de limón y el perejil, una esto a las migas de pan remojadas de antemano en el vino seco y añádales sal, pimienta, mostaza, huevos duros picaditos y la masa de cangrejo; únalo todo bien y póngalo en moldecitos individuales engrasados con mantequilla; polvoréelo con la galleta molida y hornéelo a 400° F unos minutos. **Da 6 raciones.**

LANGOSTA CON CHOCOLATE

3	libras de langosta	1	ají de ensalada
½	taza de aceite	¾	taza de vino seco
2	cebollas	1	cucharadita de sal
2	dientes de ajo	1	pastilla (1 onza) de chocolate

Corte la masa de las langostas en trocitos. Muela la cebolla, los dientes de ajo y el ají y sofríalo todo en el aceite caliente hasta que esté casi seco. Añada la langosta, vino seco, sal y chocolate rallado. Déjelo al fuego unos 10 o 15 minutos. Sírvalo con pan frito.

PARGO ALMENDRINA

1	libra de filetes de pargo		**Salsa**
1	limón	½	taza de mantequilla derretida
2	dientes de ajo	½	taza de vino blanco
1	cucharadita de sal	1	cebolla
1	taza de harina	2	cucharadas de harina
½	libra de mantequilla	½	taza de almendras tostadas

Limpio el pescado, adóbelo con el ajo machacado, con la sal, el jugo de limón y pimienta, si la desea. Se envuelve el pescado en harina y se fríe en la mantequilla caliente. Se sirve caliente con la siguiente salsa:

Salsa:
En la ½ taza de mantequilla derretida (la misma en que se fríe el pescado puede utilizarse) se sofríe la cebolla picadita o molida, se le añade la harina disuelta en el vino y se deja al juego unos minutos, hasta que se espese, se le añaden las almendras picadas o enteras y se cubre con esto el pescado. Si se desea una salsa menos espesa añádale solo 1 cucharada de harina.

FILETES DE PARGO CON CAMARONES A LA CREMA

1	libra de filetes de pargo	2	cucharadas de cebolla picadita
3	dientes de ajo		
1	limón	1	cucharada de jugo de limón
1	cucharadita de sal	1/8	cucharadita de nuez moscada
¼	cucharadita de pimienta		**Salsa**
2	huevos	1	taza de leche fresca
1	taza de galleta molida	2	cucharadas de harina de trigo
2	tazas de aceite	2	cucharadas de agua
1	taza de camarones hervidos y pelados	¼	libra de queso patagrás
		½	cucharadita de sal
3	cucharadas de mantequilla	2	cucharadas de vino seco

Limpie los filetes de pargo y sazónelos con el ajo machacado, sal, pimienta y jugo de limón. Déjelos en esta preparación durante ½ hora por lo menos. Envuélvalos en huevo batido y galleta y fríalos en el aceite caliente.

Caliente la mantequilla y saltée en ella las cebollas y los camarones. Ponga al baño de María la leche con la harina disuelta de antemano en el agua, revuélvalo constantemente hasta que espese, añádale el queso rallado, vino seco, jugo de limón, sal y nuez moscada. Agregue los camarones salteados y viértalo todo sobre los filetes de pargo.

Adórnelo con ramitas de perejil o algún vegetal verde y rueditas de limón. **Da 4 raciones.**

PUDÍN DE PESCADO

1	*lata de bonito*	1	*lata de sopa de espárragos*
1	*lata de langosta al natural*	¼	*taza de leche fresca*
3	*cucharadas de cebolla picadita*	4	*huevos*
		1	*cucharadita de perejil*
3	*cucharadas de mantequilla*	½	*cucharadita de sazonador para mariscos*
1	*cucharada de jugo de limón*		
2	*tazas de galletas de soda*		

Desmenuce el bonito y la langosta. Sofría la cebolla en la mantequilla y añádale el jugo de limón. Remoje la galleta en la sopa y la leche. Una todos los ingredientes anteriores y añádale los huevos batidos, el perejil y el sazonador para mariscos. Viértalo todo en un molde de pescado engrasado con mantequilla y hornéelo a 350° F durante 45 minutos. Sírvalo frío cubierto con mayonesa y adornado con tiritas de pimientos morrones, ruedas de limón y aceitunas. **Da unas 12 raciones.**

SALMÓN CON ESPÁRRAGOS CHANTILLY

1	*lata de salmón*	2	*cucharadas de mayonesa*
	leche (cantidad suficiente para completar 2 tazas con el líquido del salmón).	1	*cucharadita de mostaza*
		¼	*cucharadita de pimienta*
		¼	*taza de harina de trigo*
1½	*cucharaditas de sal*	2	*cucharadas de perejil picadito*
1	*paquete de espárragos congelados*		

¹/₈ libra de mantequilla   1   cucharada de vino seco
1   cucharada de cebolla picadita   3   huevos duros

Desmenuce el salmón quitándole la piel y las espinas. Derrita la mantequilla, dore en ella la cebolla y añádale la harina batida con la leche, el líquido del salmón, la mostaza, la sal y la pimienta. Déjelo todo al fuego moviéndolo constantemente hasta que tenga espesor de crema, añádale la mayonesa, perejil, vino seco, los huevos duros picaditos, el salmón y los espárragos cortados en trocitos. Viértalo todo en un molde con capacidad para litro y medio y hornéelo a 350º F durante 30 minutos. Sírvalo caliente y adornado con ruedas de limón. **Da 8 raciones.**

CALAMARES

CÓMO LIMPIAR CALAMARES
1. Separe la cabeza y los tentáculos del cuerpo o parte más grande del calamar.
2. Junto a las tripas usted encontrará la bolsa de tinta interior que tiene un color azulado.
3. Despréndala con cuidado para no romperla. Échela en el mortero.
4. Separe las tripas de la cabeza y los tentáculos o paticas del calamar.
5. A cada lado de la cabeza encontrará más tinta, en 2 bolsas redondas que parecen ojos.
6. Quite estas bolsas con cuidado y échelas también en el mortero. Para usar la tinta en cualquier receta: machaque las 3 bolsas con la mano del mortero. Añádale de 2 a 3 cucharadas de agua, vino, caldo o salsa en que usted cocina los calamares. Páselo todo por un colador apretándolo con la mano del mortero. Eche la tinta, ya colada en la cazuela mientras se cocinan los calamares.
7. Vire la cabeza del calamar de manera que las paticas se abran como una flor. En el centro de ellas usted encontrará

una bolsita redonda —del tamaño de un garbanzo— que tiene dos picos. Es la boca del calamar. Sáquela completamente. Elimine cualquier otra parte dura o cartilaginosa que encuentre en la cabeza.

8. Desprenda las aletas del cuerpo del calamar.
9. Dentro del cuerpo usted encontrará la vaina o cristal, sáquela y asegúrese de quitar todos los pedazos si se parte.
10. Desprenda todo el pellejito o membrana que rodea la masa del calamar. Vire el cuerpo al revés y lávelo bien bajo el chorro de agua. Lave igualmente los tentáculos para eliminar todo vestigio de arena, tierra...

CÓMO CONSERVAR LOS CALAMARES

Como el pescado o la carne fresca, el calamar una vez bien limpio es necesario conservarlo en el refrigerador si lo va a cocinar en el día o al día siguiente. Si lo desea guardar, al igual que el pescado y los mariscos, póngalo en el congelador junto con el pomito donde eche las bolsitas de tinta y así podrá conservarlo por más tiempo sin riesgo alguno.

Descongele los calamares así como las bolsitas de tinta para cocinarlos, pero no los sumerja en agua durante largo rato para descongelarlos porque pierden sabor, color y textura.

CALAMARES RELLENOS

8   calamares chicos
1   cucharada de grasa
    (aceite o manteca)
6   dientes de ajo o 1 cebolla
1/3 taza de ají picadito
1/3 taza de perejil picadito
½   taza de puré de tomate
1   cucharada de sal

1   cucharada de vino seco
    o vinagre
1/8 cucharadita de orégano
4   cucharadas de pan tostado
    rallado o molido
4   cucharadas de agua, caldo
    o vino

Limpie los calamares y guarde las bolsas de tinta. Corte los tentáculos y las aletas en pedacitos chiquitos. Haga un sofrito con la grasa, ajos, ají, perejil, tomate, sal, vino seco, pimienta y orégano. Separe de 2 a 3 cucharadas de este sofrito y mézclelo con el picadillo de calamares crudo, cocínelo entre 2 y 3 minutos. Añádale el pan y déjelo refrescar. Rellene el cuerpo de los calamares con esta mezcla. Préndalos con un palillo y colóquelos en la cazuela con el resto del sofrito. Machaque las bolsas de tinta en el mortero y mézclelas con un poco del sofrito y agua, caldo o vino. Cuélelo todo bien para sacar toda la tinta, añádala a la salsa. Déjelos cocinar a fuego muy lento, alrededor de 30 minutos. Adórnelos con perejil si lo desea. **Da aproximadamente 4 raciones.**

BACALAO AZCÁRATE

1	libra de filetes de bacalao	1	cucharadita de vinagre
4	huevos	½	lata de salsa de tomate
2	cucharadas de harina de trigo	¼	taza de aceite
1	cucharadita de pimienta	1	lata de pimientos morrones
1	cucharadita de sal	½	pimiento verde
1	libra de aceite		sal y pimienta al gusto
Salsa		**Adorno**	
1	ramita de perejil		pimientos morrones
1	libra de cebollas		puntas de espárragos
2	dientes de ajos	1	latica de petit pois
3	tallos de apio	1	huevo duro
¾	taza de vino seco		

Remoje el bacalao desde el día anterior en agua, para desalarlo bien. Córtelo en pedazos como de 2 pulgadas. Bata las claras a punto de merengue, luego añádale las yemas, harina, sal y pimienta.

Pase por esta mezcla los trozos de bacalao y sofríalos en el aceite caliente hasta que se doren, luego póngalos sobre un papel absorbente para que recoja la grasa.

Del mismo aceite en que se frió el bacalao tome ¼ de taza para la salsa.

Muela juntos el perejil, cebollas, ajos, apio, pimientos morrones y verde; únalo todo bien con una cuchara de madera. Caliente el aceite en una olla de barro y cocine en ella durante 5 minutos todo lo molido, luego añada el vino seco, el agua de los pimientos y de los *petit pois*, sal y pimienta al gusto. Coloque en la salsa los trozos de bacalao ya fritos y cocínelos a fuego lento por espacio de ½ hora. Se sirve en la misma olla de barro y se adorna al gusto con los pimientos, *petit pois*, espárragos y el huevo duro pasado por un colador.

La salsa no debe moverse con cuchara sino dándole unas sacudidas a la olla, de lo contrario se corta. **Da 8 raciones.**

CAMARONES A LA JARDINERA

½	taza de aceite	1	lata de salsa de tomate
1	libra de camarones	½	cucharadita de pimienta
½	libra de cebollas blancas chicas	¼	cucharadita de pimentón
		½	cucharadita de sazonador completo
½	libra de papas		
½	libra de habichuelas	1	hoja de laurel
½	libra de zanahorias	½	taza de vino seco
2	cucharaditas de sal de ajos	1	latica de petit pois

Limpie los camarones y fríalos en el aceite caliente hasta que estén rosados, añada una cebolla molida y sofríala unos minutos revolviendo constantemente para que no se pegue. Añada los vegetales pelados y cortados en tiritas, las papas en cuadritos o bolitas y las cebollas enteras. Mezcle la salsa de tomate con el vino seco y añádale los condimentos. Cubra con esto los vegetales y camarones, y cocínelo todo bien tapado y a fuego lento durante unos 30 minutos. Unos minutos antes de servirlos, añada los *petit pois*. **Da 6 raciones.**

SOUFFLÉ A LA MARINERA

1	taza de leche fresca	1½	taza de masa de pescado hervido
¼	taza de harina de trigo		
1½	cucharaditas de sal	1	taza de masa de langosta o cangrejo hervido
¼	cucharadita de pimienta		
¼	cucharadita de sazonador completo	4	claras de huevo
		1	cucharadita de polvos de hornear
1	cucharada de vino seco		
1	cucharada de vinagre	1	cucharadita de salsa inglesa
4	yemas de huevo		

Encienda el horno a 350° F. Engrase un molde (con capacidad para 2 litros) con 1 cucharadita de mantequilla. Derrita el resto de la mantequilla al baño de María. Bata la leche con la harina, sal, pimienta y sazonador, añádala a la mantequilla derretida y cocínelo todo al baño de María, revolviendo constantemente hasta que espese. Bata las yemas y añádale poco a poco la salsa revolviendo constantemente; agregue el vino seco, vinagre, salsa inglesa, pescado y langosta o cangrejo. Deje refrescar la mezcla a la temperatura ambiente. Bata las claras a punto de nieve, polvoréelas con el polvo de hornear cuando haya terminado de batirlas y, por último, añádale la mezcla de salsa, pescado, etc., envolviéndolo todo suavemente sin batirlo. Viértalo inmediatamente en el molde y hornéelo al baño de María aproximadamente 40 minutos. Sírvalo inmediatamente. **Da 6 raciones.**

VIANDAS, HORTALIZAS Y OTROS VEGETALES

La palabra vianda proviene del latín vulgar *vivanda*. Significa comida o alimento y esa misma acepción tiene en nuestro idioma. En Cuba, la aplicamos a un grupo de frutos y raíces ricos en carbohidratos como la yuca, la calabaza, el plátano, la papa, el boniato, la malanga o guagüí. El maíz, aunque es un cereal, se considera como un vegetal cuando se encuenta tierno. Cuando pensamos en vegetales nos acordamos entre otros de la zanahoria, las habichuelas, la remolacha, el quimbombó, el tomate, el nabo y las verduras o vegetales de hojas.

Nuestro patrón alimentario tradicional... arroz, frijoles, vianda, carne u otro alimento generalmente frito... suele variar cambiando el color del frijol o del arroz y la clase de vianda o forma de prepararla. Esto, sin dudas, evita la monotonía en la mesa, en otras culturas se obtiene en gran medida como producto del cambio en las frutas, hortalizas y otros vegetales, de acuerdo con la época del año; pero la papa, las pastas y otros derivados del trigo, así como el maíz, suelen ser tan constantes en aquellas mesas como en la nuestra los frijoles, las viandas y el arroz.

En Cuba, sustituir uno de estos dos últimos por verduras y vegetales con menor contenido de carbohidratos y mayor contenido de vitaminas, minerales y fibras o celulosa, no solo ayuda a diversificar la alimentación, sino que además puede significar una reducción en el contenido total de carbohidratos, cuando esto sea necesario. A veces se afirma que el cubano come mucho arroz y por esto tiene tendencia a la obesidad, pero la cuestión no parece estar en el arroz sino en la forma de cocinarlo y combinarlo con otros alimentos. Llenarse con arroz cargado de grasa o salsas y acompañado de viandas fritas, pan con mantequilla, y no comer verduras y vegetales, puede ser un mal hábito.

Si la vianda o el arroz se consumen por separado y no en una misma comida, acompañados de verdura o vegetal, además del alimento rico en proteína de origen animal, que puede aparecer en mayor o menor cantidad suplementando la proteína del cereal, la leguminosa o una mezcla de ambos, la comida resulta mejor balanceada.

Separar la vianda del arroz y usar menos grasa en la preparación de nuestros alimentos, cuestión que no es fácil porque significa entrarle con la manga al codo a un patrón alimentario conformado durante siglos, sería un buen paso inicial en el mejoramiento de la imagen de lo que es la comida balanceada, y además ayudaría a quienes no realizan un trabajo físico fuerte o ya no son jóvenes. Intentar esta modificación en el patrón alimentario tradicional no implica negar raíces, ni virar la espalda a nuestro acervo cultural en materia de alimentos, cuando precisamente vamos al rescate de los genuinos valores de esa cultura.

Nuestro congrí puede seguir atado a los tostones tanto como el arroz blanco al platanito maduro frito. A eso le llaman comida cubana. Pero en la misma medida en que resolvemos un problema se crea otro y si queremos disfrutar de cuanto hemos sido capaces de construir para nuestros hijos y nietos, bueno es que esas combinaciones se reserven para ocasiones especiales y desde ahora comencemos a observar algunas sencillas reglas de alimentación balanceada para la vida diaria.

No es fácil cambiar costumbres a la mitad o al final del camino de la vida, por eso es prudente que nuestros niños y jóvenes adquieran desde temprano buenos hábitos de alimentación. Que aprendan a consumir viandas hervidas y no siempre fritas o convertidas en frituras, así como a disfrutar de las frutas, las verduras y los vegetales, sin necesidad de convertir las primeras en dulces y batidos sobrecargados de azúcar o ahogar los segundos en manteca, mantequilla, mayonesa y aceite.

La espinaca, el apio, la lechuga y otras hortalizas se consideran oriundas del continente asiático. Desde el siglo VII las escrituras chinas se refieren a la espinaca como alimento. Al apio se le atribuían, además, propiedades medicinales y algunos lo consideraban purificador de la sangre. También los griegos, los romanos y los persas dedicaban grandes elogios a la alimentación rica en verduras. Tanto estimaban los griegos los vegetales que los usaban como premio para los atletas de las competencias olímpicas.

Estas costumbres pasaron de Asia a África y desde la costa norte de ese continente fueros los árabes quienes en el siglo XII las introdujeron en España, donde se cultivaron como las hortalizas, en los patios de los monasterios al cuidado de los propios monjes. Las verduras fueron también plato predilecto de los miembros de la nobleza y las familias reales. En un libro que data de 1390, escrito para la corte del rey Ricardo II de Inglaterra, aparecen varias recetas dedicadas a las espinacas. La llegada de estas verduras a nuestro continente ha pasado casi inadvertida para los historiadores. Solo de la lechuga se tienen datos que permiten creer que en 1494 ya se había sembrado en la Isabela con semillas que posiblemente fueron traídas a América por el propio Cristóbal Colón.

Crudas o correctamente cocinadas, las verduras aportan al organismo vitaminas y minerales que no siempre podemos obtener de otros alimentos en cantidades adecuadas. Por eso, es conveniente aprovechar su temporada e incluirlas frecuentemente en nuestra alimentación.

La espinaca, la acelga y otras verduras de hoja se pueden cocinar perfectamente sin añadirles grandes cantidades de agua. Basta lavarlas bien, ponerlas en la cazuela, con el agua que queda adherida a sus hojas después de lavarlas, y cocinarlas destapadas a fuego mediano durante algunos minutos hasta que estén tiernas. Para conservar su sabor y valor nutritivo, cocínelas solo el tiempo necesario y no las ahogue en agua.

La hoja de remolacha es comestible y muy sabrosa. Cocínela del mismo modo que las espinacas y las acelgas. Empléela en las mismas recetas. Si usted las cultiva, aproveche las hojas. Si usted vive cerca de un lugar donde se cultivan para la venta, haga las gestiones para que se envíen con sus hojas al mercado.

Para conservar su color verde, las verduras se pueden cocinar parcialmente destapadas. El cambio de color se produce en los vegetales verdes cocinados, fundamentalmente, debido a los ácidos volátiles que reaccionan con el calor. Cuando usted deja la cazuela destapada al comenzar a cocinarlos, esos ácidos se escapan con el vapor de agua sin producir cambio de color.

No le añada bicarbonato a las verduras para cocinarlas. Lo que se gana en color se pierde en sabor y elementos nutritivos. El bicarbonato ablanda la celulosa y da una consistencia gomosa. Además, aumenta la pérdida de vitaminas.

Siempre lave bien las verduras y vegetales que va a usar crudas en sus ensaladas y otros platos. Déjelos escurrir bien y consérvelos en el refrigerador dentro de una bolsa de nailon, siempre frescos, limpios y listos para consumir.

Al comprar vegetales procure que sean bien frescos. Aunque cada vegetal tiene sus características, como regla general, la consistencia y el aspecto nos dicen a primera vista su grado de frescura. Las habichuelas, por ejemplo, crujen al doblarlas cuando están frescas. Los vegetales de hojas verdes, como la acelga, la espinaca y el berro deben tener las hojas enteras y frescas, sin picaduras de insectos. La coliflor debe ser blanca y no tener manchas negras. Los rábanos, nabos, zanahorias y remolachas frescas son de consistencia firme. El tamaño grande de algunos vegetales puede hacernos pensar que esos son los mejores, pero no siempre es así.

Los vegetales en conserva, debido a las modernas técnicas de preparación, permiten que estos conserven sus propiedades nutritivas y, por lo tanto, pueden considerarse también como fuente de vitaminas y minerales.

Al pelar las viandas y vegetales quíteles siempre la menor cantidad de cáscara posible. Para cortar vegetales en pedazos y luego cocinarlos, corte los pedazos, preferiblemente, a lo largo y no a través de sus fibras, así conservan más sus propiedades nutritivas.

Las remolachas mantienen mejor su color y sabor cuando se cocinan con la cáscara y sin cortarles el tallito.

Evite poner los vegetales en agua antes de cocinarlos, pues los hace perder mucho de su valor nutritivo. Hierva primero el agua con la sal y después eche los vegetales. Cocínelos en la menor cantidad de agua posible y solo el tiempo necesario, en especial, cuando son vegetales tiernos, el agua debe hervir lentamente y no a borbotones.

Cocine los vegetales tapados, a excepción de la cebolla, la col y la berza que se cocinan destapados y con agua abundante. A las comidas que llevan papas en guisos o salsas, añádales el vinagre o vino seco después que estén blandas, para evitar que se pongan amarillas.

Las viandas y demás vegetales asados o cocinados en olla de presión quedan muy sabrosos, y cuando se cocinan casi sin agua conservan más su sabor natural. Evite cocinarlos más tiempo del necesario.

La mayoría de las frutas y los vegetales crudos son ricos en vitamina C, pero pierden mucho de su valor en este nutriente cuando se cocinan demasiado y están mucho tiempo pelados y picados en contacto con el aire, por eso es conveniente prepararlos sin que estén mucho tiempo picados ni destapados e incluirlos en nuestras comidas siempre que sea posible. La fruta bomba, el mango, el ají, el tomate, el berro, los rábanos, la lima, la naranja, los limones, el canistel, la piña, la col, muy especialmente nuestra guayaba criolla, el marañón y la cereza silvestre o acerola son ricas en vitamina C.

La vitamina A se encuentra principalmente en las frutas y vegetales verdes y amarillos como el canistel, la fruta bomba, el mango, la zanahoria, el ají, las acelgas, el berro, los pimientos verdes y algunos vegetales de color rojo como el tomate y el pimiento maduro.

Hay quien piensa que no necesita comer vegetales ni frutas porque todos los días toma vitaminas y minerales. Hasta cierto punto esto parece razonable. Pero hay algo importante que muchos desconocen. La ciencia de la nutrición es muy joven y cada día se hacen nuevos descubrimientos. Los científicos que realizan estas investigaciones aseguran que existen otras sustancias, entre ellas, la fibra o celulosa, con funciones importantes para la salud. Por eso se recomienda una alimentación variada que incluya frutas y vegetales diariamente.

Aunque algunos piensan en las verduras y vegetales como hierbas que sirven solamente para sazonar caldos —mientras otros alegan que solo las comen los chivos—; lo cierto es que aparecen en la alimentación del hombre desde la más remota antigüedad.

APIO RELLENO

Lave bien los tallos de apio. Si son fibrosos ráspelos para eliminar las fibras. Rellene la canal del tallo con queso crema u otra pasta similar. Sírvalos bien fríos a modo de ensalada o como saladito.

TOMATES DELICIOSOS

6 tomates de ensalada maduros   *8 cucharadas de azúcar*

Sumerja los tomates en agua caliente y pélelos. Déjelos refrescar. Con un cuchillo afilado sáquele el corazón a cada tomate haciéndole un corte que no llegue a perforar el fondo. Rellene cada tomate con azúcar. Póngalos en el refrigerador hasta el día siguiente. Sírvalos bien fríos sobre hojas de lechuga, berro, etcétera. **Da para 6 raciones.**

ZANAHORIAS A LA CREMA

½ libra de zanahorias
¾ taza de agua
1 cucharadita de sal
½ taza de leche
1 cucharada de mantequilla
2 cucharadas de harina de trigo

Raspe las zanahorias y córtelas en tiras. Ponga a hervir el agua con la sal. Cuando rompa el hervor, eche las zanahorias y déjelas hervir 5 minutos. Escurra las zanahorias. Mezcle el caldo de las zanahorias con la leche. En una cacerola aparte, derrita la mantequilla y mézclela con la harina, añada poco a poco la leche mezclada con el caldo de zanahorias y cocínelo todo a fuego mediano revolviendo constantemente hasta que la salsa empiece a espesar. Añada las zanahorias y déjelas a la candela, algunos minutos más, a fuego lento. **Da para 3 raciones.**

ACELGAS ALIÑADAS

1 mazo de acelgas
  (4 tazas de hojas picaditas)
8 cucharadas de agua
1 cucharada de azúcar prieta
1 cucharadita de sal
$1/8$ cucharadita de pimienta
1 cucharada de vinagre
  o jugo de limón
1 cucharada de aceite
1 huevo duro

Limpie bien las acelgas y corte las hojas en pedacitos, póngalas en una cazuela con las hojas humedecidas y cocínelas a fuego lento, sin añadirles más agua, revolviéndolas de vez en cuando hasta que se vean cocinadas, pero aún conserven un poco de su textura firme y el color verde brillante. Bájelas enseguida de la candela. Escurra el poco de agua que les queda en el fondo de la cazuela. Échele por encima el aliño preparado con azúcar, sal, pimienta, vinagre y aceite. Adórnelas con el huevo duro picadito. **Da para 3 raciones.**

BOCADITOS DE PAPA

4	*papas grandes*	1	*cucharada de mantequilla,*
1	*lata chica de carne prensada*		*mostaza o mayonesa a gusto*
2	*huevos*	¼	*cucharadita de sal*

Salcoche las papas hasta que se ablanden. Pélelas y córtelas en ruedas de aproximadamente 1 centímetro de espesor. Haga una pasta con la carne prensada y la mantequilla, mayonesa o mostaza. Unte esta pasta en las ruedas de papas y únalas de dos en dos como si estuviera haciendo bocaditos de pan, luego páselas, por los huevos batidos con la sal y fríalas en grasa caliente hasta que estén coloraditas. **Da para 6 raciones.**

NARANJAS RELLENAS CON BONIATO

6	*naranjas*	3	*cucharadas de jugo*
2½	*libras de boniato*		*de naranja*
¼	*libra de mantequilla*	1	*cucharadita de sal*
4	*cucharadas de azúcar blanca*	6	*pastillas de altea*
4	*yemas de huevo*		

Quíteles una tapita a las naranjas y sáqueles toda la pulpa. Hierva los boniatos y hágalos puré con la mantequilla, azúcar, jugo de naranja, yemas y sal. Llene las cáscaras de naranja con el puré de boniato. Ponga una pastilla de altea encima de cada naranja, enterrándola un poco en el puré. Ponga las naranjas rellenas en el horno a 375° F, aproximadamente 15 minutos o hasta que se dore un poco el puré y la pastilla de altea. **Da 6 raciones.**

Sírvalas con lonjas de jamón, carnes o aves.

COLIFLOR A LA POLONESA

1	coliflor grande	3	cucharadas de migas de pan
1	litro de agua	1	cucharada de cebolla picadita
2	cucharaditas de sal		
1	cucharada de jugo de limón	3	huevos duros
3	cucharadas de aceite	¼	cucharadita de sal
3	cucharadas de mantequilla	⅛	cucharadita de pimienta

Quítele las hojas verdes a la coliflor y cocínela en agua hirviendo con sal y limón aproximadamente 30 minutos o hasta que se ablande, pero sin dejar que se desbarate. Caliente el aceite y la mantequilla en una cacerola y sofría la cebolla picadita. Añada las migas de pan, los huevos duros picaditos, la sal y la pimienta. Déjelo 1 minuto al fuego. Sirva esta salsa por encima de la coliflor caliente. **Da 6 raciones.**

CHAYOTES RELLENOS CON HUEVO

3	chayotes	1	cucharada de perejil picadito
2	cucharadas de grasa (aceite, manteca o mantequilla)	4	cucharadas de puré de tomate
½	chorizo u otro pedazo de carne salada, embutido, etcétera	2	huevos
		1	cucharada de sal (aproximadamente)
1	cebolla chica o ajo puerro	¼	cucharadita de pimienta
1	ají mediano	6	cucharadas de galleta molida o pan rallado

Corte los chayotes por la mitad a lo largo y póngalos a cocinar en agua hirviendo con la sal hasta que se ablanden. Déjelos refrescar ligeramente. Saque con cuidado la masa de los chayotes y córtela en pedacitos. Sofría el chorizo cortado en pedacitos en la grasa caliente. Añada la cebolla, ají y perejil bien picaditos o molidos. Déjelo sofreír todo durante 3 minutos revolviendo para que no se pegue. Agregue el puré de tomate y la masa de chayote. Cocine la mezcla por 2 o 3 minutos más, revolviendo siempre. Añada los huevos batidos con la sal y la pimienta. Déjelos cocinar —como revoltillo— hasta que cuajen. Rellene las mitades de chayote con esta mezcla. Polvoréelas con galleta o pan. Dórelas al horno o con brasas de carbón por encima. (Si no puede dorar los chayotes, suprima la galleta molida o pan y adórnelos con rueditas de huevo.) **Da para 6 raciones.**

PUDÍN DE VEGETALES

1	*libra de papas*	½	*taza de puré de tomate*
½	*libra de zanahorias*	1	*taza de migas de pan*
¼	*libra de habichuelas o remolachas*	1½	*cucharadas de sal*
		¼	*cucharadita de pimienta*
2	*tazas de col cruda*	2	*huevos*
1	*cucharada de aceite*	2	*cucharadas de mantequilla*
½	*ajo puerro o cebolla*	2	*cucharadas de salsa ketchup o mayonesa*
½	*ají o un poco de perejil*		

Cocine las papas, zanahorias, habichuelas o remolachas. Redúzcalo todo a puré o páselo por la máquina de moler. Sofría la col en grasa caliente junto con la cebolla, ají y perejil. Añada el puré de tomate, las migas de pan, sal y pimienta. Muela todo esto y mézclelo con los vegetales anteriores. Añada la salsa *ketchup* o mayonesa, la mantequilla y los huevos batidos. Viértalo todo en un molde engrasado. Cocínelo a baño de María, en cazuela o en el horno, durante poco más o menos 1 hora o hasta que, al introducir un palillo en el centro, este salga seco. Si lo cocina en el horno, use una temperatura moderada de 350° F (176° C). También se puede hacer en olla de presión; demora aproximadamente ½ hora. Sírvalo frío o caliente con mayonesa, salsa *ketchup*, o alíñelo con aceite y vinagre como una ensalada. Adórnelo con huevos duros y tomates, berro, pepino, etcétera. **Da para 12 raciones.**

REMOLACHAS ALIÑADAS EN AGRIDULCE

La parte que más alimenta de la remolacha está en las hojas que pueden cocinarse igual que las acelgas o espinacas. El resto, la parte roja que resulta tan sabrosa y bonita, solo puede considerarse por su contenido de azúcar o carbohidrato como un alimento energético o productor de calorías. Algunas personas —porque las ven rojas— creen que dan sangre y son buenas para curar la anemia; pero eso no es cierto. Sin embargo, son sabrosas y un buen complemento.

Seleccione las remolachas, preferiblemente medianas o pequeñas, que suelen ser las mejores. Las de tamaño más grande casi siempre son fibrosas y tienen un color rojo menos intenso. Lávelas bien para quitarles toda la tierra; pero no las pele ni les quite el tallo —el rabito— o raíz que las termina. Póngalas a cocinar en agua suficiente para cubrirlas y si es posible échele 1 cucharada de vinagre a cada litro de agua.

Déjelas cocinar tapadas hasta que se ablanden. De acuerdo con el tamaño demorarán más o menos tiempo. Si lo prefiere puede ablandarlas en la olla de presión. Déjelas enfriar. Pélelas con la mano desprendiendo suavemente la piel. Córtelas en ruedas, tiras o cuadritos. Échelas en un pomo con vinagre y azúcar a gusto. Generalmente, 4 cucharadas de azúcar para 1 taza de vinagre es suficiente. Déjelas en ese aliño, 2 días o más en la nevera o refrigerador.

PIMIENTOS RELLENOS

6	*pimientos grandes*	¼	*cucharadita de pimienta*
3	*cucharadas de grasa*	¼	*cucharadita de comino*
	(aceite o manteca)	¼	*cucharadita de orégano*
3	*dientes de ajo*	2	*tazas de col cruda picadita*
1	*ajo puerro o cebolla*	1	*taza de carne cruda molida*
1½	*tazas de puré de tomate*	¾	*taza de zanahoria cruda rallada*
2	*cucharadas de vino seco*		
1	*cucharada de vinagre*	2	*cucharadas de galleta molida*

1½ cucharadas de sal ½ taza de agua
2   cucharaditas de azúcar

Corte una tapita a los pimientos y sáqueles las semillas. Haga un sofrito con la grasa, ajos, ajo puerro o cebolla, las tapitas de los pimientos y el puré de tomate. Sazónelo con vino seco, vinagre, sal, azúcar, pimienta, comino y orégano. Divida el sofrito en 3 partes.
Mezcle una parte del sofrito con la col y cocínela a fuego mediano durante 5 minutos. Añada otra parte del sofrito a la carne molida mezclada con la zanahoria y cocínela como si fuera picadillo. Llene los pimientos con camadas alternas de carne y col de manera que la col quede en el centro de 2 camadas de carne. Polvorée la última camada de carne con galleta molida. Coloque los pimientos en una cazuela llana con el resto del sofrito. Añádales el agua. Cocínelos bien tapados durante 30 minutos aproximadamente. **Da para 6 raciones.**

FRITURAS DE COL

Tomamos la idea de las frituras de bacalao y usamos la col cruda picadita combinada con cebolla y ají. Pruebe esta misma receta con otros vegetales crudos rallados. Así podrá hacer frituras de berro, rábanos, pepinos e infinidad de combinaciones novedosas.

1   taza de col cruda picadita 1   cucharada de ají crudo
1   cucharada de cebolla cruda   picadito
    picadita

Importante: la forma de picar los vegetales para estas frituras debe ser un poco gruesa, nunca tan fina como lo hacemos para un sofrito.

1   huevo   1 o 2 cucharadas de agua (depende
1   cucharada de puré de tomate   del tamaño del huevo)
1   cucharada de azúcar   1   cucharada de vinagre

1½ cucharaditas de sal
⅛ cucharadita de pimienta molida
1 taza de harina
¼ cucharadita de bicarbonato

Mezcle la col con la cebolla y el ají. Bata el huevo con el vinagre, tomate, azúcar, sal, pimienta y agua. Échelo todo encima de los vegetales (hasta aquí, usted puede tener adelantada la receta si desea preparar algo de antemano). En el momento de empezar a freír, añádale a la mezcla anterior la harina cernida con el bicarbonato y revuélvalo todo. Esta masa debe quedar un poco seca, de manera que al tomarla con una cuchara o tenedor y echarla en la sartén, las frituras adquieran formas diferentes. No es masa de frituras suaves, ni las frituras quedan redonditas. Para servirlas como saladito hágalas pequeñas y polvoréelas con un poco más de sal.

PIONONOS DE PLÁTANOS

¼ taza de de picadillo
3 plátanos maduros
2 huevos
¼ cucharadita de sal
grasa para freír

Corte los plátanos a lo largo, en lascas de poco más o menos 1 centímetro de espesor. Fríalos hasta que estén doraditos. Déjelos refrescar. Unte cada lasca de plátano con, alrededor de 1 cucharada de picadillo. Enróllela como si fuera un brazo gitano. Préndala con uno o dos palillos. Bata los huevos con la sal. Pase los rollitos de plátano y picadillo por huevo batido. Fríalos hasta que estén doraditos. **Da para 6 raciones.**

BONIATO EN TENTACIÓN

Para ahorrar grasa y servirles boniatos a quienes no admiten la posibilidad de una vianda simplemente salcochada —aunque sea una de las mejores formas de consumirla, siempre que esté acabadita de hacer—, ensayemos un viejo método que no debe reservarse exclusivamente para el plátano maduro.

1½ libras de boniatos
1 taza de agua
1 cucharadita de sal
½ taza de azúcar prieta
4 cucharadas de vino seco

2 cucharadas de mantequilla, manteca o aceite, canela en rama, pimienta gorda, clavo o nuez moscada

Pele los boniatos y córtelos en ruedas, de aproximadamente, 1 centímetro de espesor. Ponga a hervir el agua con la sal. Cuando rompa el hervor, eche las ruedas de boniato y cocínelas tapadas hasta que estén casi blandas, pero no las cocine totalmente en el agua. Escúrrales el poco de agua que queda en la cazuela. Agregue los demás ingredientes y termínelos de cocinar a fuego lento, hasta que estén acaramelados y blanditos. Mientras los cocine en esta segunda etapa vírelos con cuidado 2 veces o más para que se doren parejitos. **Da para 4 raciones.**

CROQUETAS DE CALABAZA

¼ libra de calabaza
2 cucharadas de grasa
    (aceite o manteca)
5 cucharadas de harina
    de trigo

1 cucharadita de sal
$1/8$ cucharadita de pimienta
2 cucharaditas de cebolla molida
1 cucharadita de vinagre

Salcoche la calabaza y redúzcala a puré (guarde el agua en que se cocinó la calabaza). Mezcle el aceite o la manteca derretida con la harina, sal y pimienta. Añádale poco a poco ³/₄ taza del agua en que se salcochó la calabaza. Cocínelo revolviendo constantemente hasta que espese (cuando empiece a espesar, revuelva fuertemente para que la crema quede suave y no haga grumos). Añádale el puré de la calabaza, la cebolla molida y el vinagre. Póngala en un plato llano y déjela enfriar bien. Cuando la masa esté bien fría, tómela por cucharadas, pásela primero por harina y luego por la mezcla siguiente:

4	*cucharadas de harina de trigo*	½	*cucharadita de sal*
5	*cucharadas de agua*	¼	*cucharadita de pimentón*

Esta mezcla sustituye al huevo para empanizar. Pase las croquetas 2 veces por esta mezcla y por galleta o pan rallado. Fríalas hasta que estén doraditas. **Salen, aproximadamente, 12 croquetas grandes o 24 pequeñas.**

HUEVOS

El huevo es una magnífica fuente de proteína, hierro, vitamina A y riboflavina. Las proteínas del huevo son de la misma calidad que las de la carne, por eso cuando escasea la carne o está muy cara, se puede usar el huevo como su sustituto en el menú.

Es interesante conocer que durante el período feudal, la llamada Edad Media, en Inglaterra —y antes de los cambios económicos que ocurrieron a principios del siglo xvi— tanto los huevos como la leche y los quesos recibieron el nombre genérico de "carnes blancas", por el lugar que ocupaban en las comidas diarias.[7]

Los huevos deben conservarse limpios, en un lugar fresco y dentro de un recipiente o envase tapado. Al cocinarlos es mejor que estén a la temperatura ambiente, de ahí que usted deba sacarlos del refrigerador un rato antes, especialmente si los va a usar para hacer *cakes* o para batir las claras.

Las claras se separan mejor de las yemas cuando los huevos están fríos. Las yemas que sobran de alguna receta pueden guardarse nuevamente en el refrigerador, y se conservan mejor si se ponen en un recipiente, se cubren con agua y se tapan. Las claras pueden conservarse también durante varios días en el refrigerador, pero siempre en un recipiente tapado. A las claras no se les añade agua.

Al emplear huevos en cualquier receta debemos considerar su tamaño. He aquí una tabla que le ayudará a calcular y sustituir los huevos en las recetas, de acuerdo con su tamaño:

	Chicos	Mediano	Grandes
Huevos enteros que hacen una taza	6	5	4
Claras que hacen una taza	9	8	7
Yemas que hacen una taza	19	17	14

Cocinar un huevo, pasarlo por agua o hacer un huevo duro parece cosa extremadamente fácil y en realidad lo es; pero hay que observar ciertas reglas para realizarlo a la perfección.

En primer lugar los huevos no deben hervir, sino cocinarse en agua por debajo del punto de ebullición. Además para que la yema del huevo quede en el centro es preciso que se trate de huevos muy frescos que tienen la clara más espesa y por lo tanto no permiten que la yema se vaya a los lados del huevo. Colóquelos en una cazuela de modo que estén uno al lado del otro y no unos sobre otros. Cúbralos con agua y póngalos al fuego, moviéndolos ligeramente hasta que el agua empiece a hervir. Bájeles entonces la llama, sígalos revolviendo un minuto o dos y déjelos cocinar a fuego lento durante 10 o 15 minutos aproximadamente, de acuerdo con su tamaño y la cantidad que se esté cocinando de una sola vez. Inmediatamente después, bóteles el agua caliente y cúbralos con agua fría. Esto evitará que se forme ese anillo verde alrededor de la yema, que se debe a una combinación del hierro de esta con el azufre de la clara, lo cual aunque no es perjudicial a la salud, sí resulta desagradable a la vista.

Para freír huevos, caliente en la sartén aproximadamente media pulgada de grasa. Abra los huevos en un platico y vaya echándolos uno a uno en la grasa caliente. Cuando vea que la clara esté cocinada, eche un poco de grasa con la espumadera sobre la yema, hasta que note que va cambiando de color y pierde un poco el tono amarillo.

Los huevos fritos deben cocinarse con la grasa a una temperatura moderada para que la clara quede blandita. Algunas personas prefieren, sin embargo, que la clara quede muy tostada. Para hacerlos en esta forma, que aunque incorrecta, no podemos negar que es muy sabrosa, debe dejar calentar bien la grasa antes de verter el huevo en la sartén. Si la sartén no es muy grande, fría los huevos uno a uno para que pueda sacarlos sin que se rompan.

Los huevos fritos a la española se viran después por el otro lado para que queden tostaditos por ambos lados. Estos son ideales para usarlos en *sándwiches* y emparedados de huevo.

Para hacer huevos *poché* o fritos en agua, llene la sartén con agua hasta aproximadamente 3/4 pulgada de profundidad. Añádale 2 cucharaditas de sal y si lo desea una cucharada de mantequilla. Cuando el agua empiece a hervir, baje la llama de modo que el hervor sea muy lento. Abra los huevos que desee cocinar uno a uno en un platico y vaya echándolos en el agua. Déjelos a fuego lento aproximadamente 3 o 4 minutos, y écheles al final con la espumadera agua caliente sobre la yema. Sáquelos con cuidado y escúrralos sobre papel absorbente antes de servirlos. Al igual que los huevos fritos en grasa, los huevos *poché* o fritos en agua deben cocinarse de modo que no se peguen.

Usted podrá cocinar tantos a la vez como grande sea la sartén. Para hacer un buen revoltillo debe siempre añadir a los huevos batidos un poco de leche o crema y cocinarlo a fuego lento para que quede suave. El revoltillo solo debe cocinarse hasta que cuaje, sin dejar que se seque.

---

[7] Drummond: *The Englishman's Food*. 1964, p. 49.

HUEVOS A LA FLORENTINA

2   tazas de espinaca cocinadas
1   cucharada de mantequilla
1   cucharadita de sal
¼   cucharadita de pimienta
4   huevos
½   tubo de pastas de anchoas
¼   libra de queso

Sofría las espinacas unos minutos en la mantequilla caliente sazonándolas con sal y pimienta. Póngalas en cuatro tarteras individuales, engrasadas con mantequilla y abra un huevo sobre cada una rodeando la yema con pasta de anchoas. Polvoréelos con queso rallado. Hornéelos a 325° F de unos 5 a 10 minutos, de acuerdo con el gusto de cada comensal. **Da 4 raciones.**

HUEVOS EN SALSA DE QUESO

3   cucharadas de mantequilla
1½ tazas de leche
2   cucharaditas de harina de trigo
½   cucharadita de sal
½   cucharadita de pimienta
½   cucharadita de mostaza
1   taza de queso
2   cucharaditas de vino seco
4   rebanadas de pan de leche
    o 4 mitades de acemitas
4   huevos duros
4   cucharadas de mayonesa
4   ramitas de perejil

Derrita la mantequilla en una cacerola, añádale la leche batida con la harina, sal, pimienta, mostaza. Cocínela a fuego lento revolviendo constantemente hasta que espese, añádale el queso y déjela al fuego unos minutos más revolviéndola siempre para que no se pegue. Cuando el queso se derrita en la salsa, añada el vino seco y bájela del fuego.

Tueste las rebanadas de pan, úntelas con mayonesa y colóquelas en platicos individuales. Coloque sobre cada rebanada de pan un huevo duro cortado en ruedítas, cúbralo bien con salsa y hornéelo a 450° F durante 10 minutos solamente. Sírvalos calientes adornados con una ramita de perejil. **Da 4 raciones.**

HUEVOS CON PAPAS Y CAMARONES

6	papas medianas	½	cucharadita de sal
6	huevos salcochados	½	cucharadita de azúcar blanca
1	lata de sopa de tomate	$1/8$	cucharadita de pimienta
1	lata de camarones	1	cucharada de harina
1	cucharada de vino seco		espárragos y petit pois para
1	cucharada de mantequilla		adornar

Salcoche las papas y píquelas a la mitad. Ahuéquelas dejando espacio para la mitad de un huevo duro que se coloca adentro. Aparte haga una salsa con la sopa de tomate a la que se agrega otra lata de agua, vino seco, mantequilla, azúcar, sal, pimienta y la cucharada de harina. Por último, agregue los camarones. Déjela a fuego lento por espacio de 5 minutos. Vierta esta salsa sobre las papas y adórnelas con *petit pois* y espárragos si lo desea. Colóquelas en el horno a una temperatura de 350° F por espacio de 12 minutos. Sírvalas calientes en el mismo molde.

CESTICOS DE HUEVOS Y JAMÓN

Masa de los cesticos

2¼	tazas de harina	2	cucharadas de mantequilla
3	cucharaditas de polvo de hornear	3	cucharadas de harina
		½	cucharadita de sal
1	cucharadita de sal	$1/8$	cucharadita de pimienta
5	cucharaditas de mantequilla	¼	libra de jamón
¾	taza de leche	1	cucharada de vino seco
		1	latica de petit pois

Relleno
4 huevos duros

Encienda el horno a 425° F. Cierna la harina con el polvo y la sal. Añádale la mantequilla cortándola con un estribo hasta que esté como una boronilla fina. Agregue poco a poco la leche revolviéndola con un tenedor hasta que todas las partículas estén húmedas. Únalo todo amasándolo con suavidad.

Extienda esta masa con el rodillo a ¼ de pulgada de espesor. Córtela con un cortador redondo de 2 pulgadas de diámetro. Deben salir 20 redondeles. Póngalos alrededor de cuatro tarteritas individuales engrasadas con mantequilla (cinco para cada tarterita). En el centro de cada tarterita coloque un huevo duro cortado en ruedas. Deje cuatro rueditas para adornar los cesticos al servirlos. Cubra los huevos duros con la crema del relleno, doble hacia el centro las mitades de los redondeles de modo que forme el cestico. Hornéelo a 425º F durante 20 minutos. Póngales en el centro una rueda de huevo.
Relleno:
Derrita la mantequilla, bata la leche con la harina, sal y pimienta. Cocínelo a fuego lento revolviéndolo constantemente hasta que tenga espesor de crema. Añádale el vino seco, *petit pois* y jamón molido. Déjelo refrescar ligeramente. **Da 4 raciones.**

FLORECITAS DE HUEVOS RELLENOS

12 *huevos*
2   *laticas de jamón del diablo*
½   *taza de mayonesa*

12 *aceitunas rellenas*
    con pimientos

Antes de empezar esta receta quite los huevos del refrigerador para que no estén fríos. Coloque los huevos en una cacerola y cúbralos con agua, añádale una cucharadita de sal al agua y ponga la cacerola al fuego hasta que rompa el hervor; baje la llama y deje que se cocinen a fuego lento durante 15 o 20 minutos. Bóteles el agua caliente y cúbralos con agua fría inmediatamente. Deje refrescar los huevos y después quíteles la cáscara y córtelos a la mitad a lo largo. Saque con cuidado las yemas y bátalas con la mayonesa y el jamón del diablo. Ponga esta pasta en una manga de decorar con boquilla ancha y rellene las claras haciendo como una rosita en cada una. Coloque la mitad de una aceituna en el centro de cada huevo. **Da 24 florecitas.** Para servirlas como saladito o en un bufé coloque cada una en un capacillo de papel.

HUEVOS A LA MALAGUEÑA

12	huevos	1	latica de petit pois
	sal y pimienta	6	cucharadas de ketchup
¼	libra de jamón	½	libra de camarones
6	puntas de espárragos	3	cucharaditas de mantequilla

Engrase 6 tarteritas individuales con mantequilla. Pique en pedacitos el jamón, y cocine y pele los camarones. Ponga 2 huevos en cada tarterita. Sazónelos con sal y pimienta al gusto y cúbralos con el jamón picado, las puntas de espárragos picadas en tres o cuatros partes, los *petit pois*, y los camarones picados en pedacitos si son grandes. Cubra cada par de huevos con 1 cucharada de salsa de tomate *ketchup* y ½ cucharadita de mantequilla. Hornéelos a 325º F hasta que estén cocinados al gusto, aproximadamente de 10 a 15 minutos. **Da 6 raciones.**

TORTILLA

Para hacer una tortilla y poderla doblar sin que se parta, una de las cosas más importantes es la sartén. Para hacer tortillas individuales o para dos personas lo más indicado es la sartén de aproximadamente 7 u 8 pulgadas de diámetro. La sartén de lados redondeados resulta mejor que la que tiene los bordes más rectos. En una sartén de este tamaño podrá hacer usted una tortilla sencilla de 1 a 4 huevos y de 2 a 3 si es con algún relleno. Los rellenos o ingredientes que se adicionan a las tortillas para establecer la gran variedad de ellas, pueden ser usados sin cocinar previamente como los *petit pois,* queso, cebolla, espárragos, pimientos, jamón prensado, etcétera; otros como papas, plátanos, sesos, camarones, etc. deben siempre cocinarse en alguna forma, ya fritos, hervidos o salteados antes de hacer la tortilla. Se llama tortilla a la francesa aquella que queda con el centro blando y se ve correr un poco el batido de huevo semicocinado al cortarla. La tortilla a la española es, por el contrario, la que queda bien cocinada y seca en el centro.

Tortilla de papas o plátanos maduros
Para hacer la tortilla de plátanos o papas, debe freír las papas o plátanos, luego escurrir la grasa sobrante dejando en la sartén solo la suficiente para hacer la tortilla.

Tortilla de queso
Haga una tortilla corriente y antes de doblarla, eche en el centro 2 o 3 cucharadas de queso rallado.

Tortilla de cebolla cruda
Eche la cebolla cruda picadita a los huevos batidos antes de verterlos en la sartén.

Tortilla de cebolla cocinada
Fría la cebolla en la sartén sin dejar que se queme, escurra la grasa sobrante si la hubiere y haga la tortilla como la de papas o plátanos.

Tortilla gallega
Fría papas y cebollas en ruedas, ajíes en tiras gruesas, tocino y chorizo a gusto. Haga con todo esto una tortilla del mismo modo que las anteriores.

TORTILLA A LA ROMANA

¼ libra de queso parmesano
6 tiras de bacón
1 cebolla
1 diente de ajo
1 latica de salsa de tomate
Salsa
1 latica de tomate al natural
2 cucharadas de vino seco

¼ cucharadita de sal
¼ cucharadita de pimienta
Tortilla
6 huevos
1½ cucharadita de sal
¾ cucharadita de pimienta
6 cucharadas de aceite

Ralle el queso y fría el bacón; píquelo en pedacitos y con la mitad de la grasa que este soltó al freírse, sofría el diente de ajo hasta que esté doradito; saque el diente de ajo y sofría en esa misma grasa la cebolla picadita; cuando esté doradita añádale la salsa de tomate, sal, pimienta y el tomate al natural colado de antemano; déjelo a fuego lento unos 10 minutos y al bajarlo del fuego añádale el vino seco. En el tiempo que se cocina la salsa haga 6 tortillas finitas empleando para cada una 1 huevo, ¼ cucharadita de sal, $1/8$ cucharadita de pimienta y 1 cucharada de aceite. Corte las tortillas en tiras de 1 pulgada de ancho y cúbralas con salsa, el bacón picadito y el queso parmesano. Sírvalas con arroz blanco. **Da 6 raciones.**

TORTILLA SACROMONTE

1	cucharada de sesos hervidos	1	cucharada de menudos
1	cucharada de jamón crudo	1	cucharada de cebolla
1	cucharada de papas fritas	2	huevos
1	cucharada de pimientos morrones	½	cucharadita de sal
		$1/8$	cucharadita de pimienta
1	cucharada de petit pois	3	cucharadas de aceite

La tortilla sacromonte se caracteriza por tener todos los ingredientes picaditos en pedacitos muy chiquitos como cuadritos de ¼ de pulgada aproximadamente. Los menudos de pollo deben estar previamente cocinados y pueden aprovecharse los que se cocinan en el caldo.

En lugar de menudos de aves puede usar riñón o hígado de res o ternera.

Todos estos ingredientes picaditos han de estar preparados de antemano. Eche los huevos batidos, cuando haya calentado el aceite y cuando empiecen a cuajar agregue los demás ingredientes y doble la tortilla. **Da 1 ración.**

TORTILLA IMPERIAL
(Kaiserschmarre)

2	yemas	1	cucharada de mantequilla
1	taza de harina		derretida
1	taza de leche fresca	2	claras
2	cucharadas de azúcar blanca	¼	cucharadita de sal

Bata las yemas hasta que estén bien dobles. Añada la harina y la leche. Añada la mantequilla y el azúcar, y, por último, las claras a punto de nieve. Vierta la mitad de la mezcla en una sartén engrasada con mantequilla derretida. Dórela por ambos lados. Haga lo mismo con el resto de la mezcla. Viértalas en un plato caliente y desmenúcelas con dos tenedores polvoreándolas con azúcar abundante. Sírvala caliente. También se puede servir con mermelada de frutas en lugar de azúcar.

REVOLTILLO

6	huevos	1	cucharadita de sal
¼	taza de leche fresca	4	cucharadas de mantequilla

Bata los huevos con la leche y la sal. Caliente la mantequilla en la sartén y vierta en ella los huevos batidos. Cocine el batido a fuego lento moviendo las partes ya cuajadas que se forman en el fondo de la sartén con una espátula o espumadera. Cocínelo solo hasta que todo el huevo esté cuajado. No lo deje secar. Sírvalo con lascas de jamón o bacón con tostadas. **Da 4 raciones.**

Revoltillo a la crema:
Añada crema en lugar de leche.

Revoltillo con jamón:
Al batir los huevos añádales ¼ libra de jamón dulce molido.

Revoltillo con queso:
Al batir los huevos añádales ¼ libra de queso patagrás rallado.

Revoltillo con bacón:
Sofría 4 tiras de bacón hasta que estén doraditas y suelten toda la grasa. Bata los huevos con el bacón picadito. Use esa grasa en lugar de mantequilla para hacer el revoltillo.

Revoltillo con jamón a la crema:
Al batir los huevos añádales un queso crema de 8 onzas y ¼ libra de jamón picadito.

REVOLTILLO DE ESPÁRRAGOS A LA CREMA

⅛	libra de mantequilla	8	huevos
1	lata de sopa de espárragos		

Caliente la mantequilla, bata los huevos con el contenido de la lata de sopa (sin diluir). Cocínelos con la mantequilla a fuego lento revolviendo constantemente hasta que la mezcla se espese pero sin dejarla secar demasiado. Sirva sobre tostadas o pan frito. **Da 4 raciones.**
Variaciones: Puede hacerse esta misma receta cambiando la sopa por otra: de pollo, champiñones, chícharos o tomate.

REVOLTILLO A LA MARINERA

1	libra de filete de pargo	1	hoja de laurel
1	taza de leche fresca	2	cucharadas de mantequilla
¼	cucharadita de pimienta	½	libra de camarones
1	cebolla	8	huevos
1	cucharadita de sal	1	lata de sopa de tomate

Ponga en una cacerola los filetes de pargo, la leche, cebolla, sal, pimienta y laurel. Déjelo hervir a fuego mediano unos 10 minutos. Hierva los camarones y pélelos. Derrita la mantequilla, sofría en ella ligeramente el pescado desmenuzado y los camarones picaditos, añádales los huevos batidos con el contenido de la lata de sopa y cocínelo todo a fuego mediano revolviéndolo constantemente hasta que cuaje; pero sin dejarlo secar demasiado. Sírvalo sobre costrones de pan frito adornado con pimientos morrones y *petit pois*. **Da 8 raciones.**

PISTO MANCHEGO

1	*libra de papas*	2	*cucharadas de vino seco*
½	*libra de masa de puerco*	10	*huevos*
1	*libra de camarones*	1	*cucharada de sal*
¼	*libra de jamón en dulce*	½	*cucharadita de pimienta*
½	*taza de aceite*	1	*lata chica de puntas*
1	*cebolla*		*de espárragos*
1	*ají de ensalada*	1	*lata de pimientos morrones*
3	*dientes de ajo*	1	*lata de petit pois*
½	*taza de salsa de tomate*		

Corte las papas y las masas de puerco en cuadritos y fríalas. Hierva y limpie los camarones. Corte el jamón en pedacitos. En el aceite caliente sofría la cebolla picadita, los ajos machacados y el ají picadito. Añada la salsa de tomate y el vino seco. Déjelo unos minutos y añádale las papitas fritas, las masas de puerco, los camarones, el jamón y los huevos batidos con sal y pimienta.

Manténgalo al fuego, revolviéndolo constantemente y cuando empiece a cuajar añádale la mitad de los espárragos picaditos (½ taza) y la mitad de los *petit pois*. Déjelo al fuego revolviéndolo hasta que esté todo cuajado, pero sin dejarlo secar demasiado. Sírvalo de inmediato sobre pan frito en ruedas y adórnelo con los pimientos morrones y el resto de los espárragos y *petit pois*. **Da 8 raciones.**

TOSTADAS CON REVOLTILLO Y QUESO

8	huevos	1	cucharada de cebolla
¾	tazas de leche fresca	8	rebanadas de pan
1	cucharadita de sal	8	lascas de queso (½ libra) patagrás
$1/8$	cucharadita de pimienta		
¼	libra de mantequilla	3	pimientos morrones cortados en tiritas
¼	libra de jamón molido		

Bata los huevos con la leche, la sal y la pimienta. Derrita la mantequilla y sofría en ella la cebolla y el jamón. Cuando esto esté doradito añádale la mezcla de huevo y cocínelo a fuego lento revolviéndolo para que no se pegue. Coloque este revoltillo en las rebanadas de pan tostadas por un solo lado (el revoltillo se pone por el lado sin tostar). Cubra cada una con una lasca de queso. Hornéelas a 325º F hasta que el queso se derrita ligeramente. Sírvalas calientes adornadas con tiritas de pimientos y ramitas de perejil. **Da 6 raciones.**

ENSALADAS

Las ensaladas, y muy en especial las de vegetales crudos, han ido aumentando gradualmente su aparición en el menú y hoy en día resultan indispensables en toda comida bien balanceada. Ellas juegan un papel muy importante en la dieta, ya que son portadoras de vitaminas y minerales.

Para que las ensaladas de vegetales crudos como lechuga, berros, etc., lleguen a la mesa sin aspecto marchito, es recomendable no aliñarlas hasta unos pocos minutos antes de servirlas, ya que esto tiende a marchitar las hojas verdes. Toda ensalada debe servirse bien fría, menos en el caso de ensaladas calientes como la de papa de tipo alemán por ejemplo.

La ensalada, como el postre, debe estar siempre de acuerdo con el resto del menú y cuando es muy rica en calorías, como las de pollo, mariscos, de papas combinadas, etc. deben considerarse casi como un plato fuerte y no como acompañante.

Al escoger la ensalada para un menú debemos tener siempre en cuenta los siete grupos básicos, y en una comida donde tenemos macarrones o arroz, no debemos servir, por ejemplo ensalada de papas sino una ensalada de vegetales crudos como lechuga, berros, col u otros similares.

Al preparar ensaladas de frutas debemos siempre añadirles jugo de limón para que no se altere el color de la fruta.

ENSALADA DE PAPAS Y CAMARONES

2	libras de papas cocinadas y cortadas en cuadraditos	1	cucharada de vinagre
		1	latica de petit pois
2	libras de camarones cocinados y pelados	2	tazas de mayonesa
		1	lata de pimientos morrones
1	cucharadita de sal	½	taza de aceitunas rellenas con pimientos picaditos
¼	cucharadita de pimienta		
1	cucharada de aceite	1	lata de puntas de espárragos

A las papas y camarones añádales la mitad de los *petit poits* y de los espárragos picaditos, sal, pimienta, aceite, vinagre, aceitunas y mayonesa. Únalo todo y sírvalo bien frío sobre hojas de lechuga adornado con el resto de los *petit pois*, espárragos y pimientos morrones. **Da 12 raciones.**

TOMATES RELLENOS

4	tomates de ensalada	1	latica de petit pois
1	lechuga	½	taza de mayonesa
6	huevos duros		

Se le quita una tapita a los tomates y se ahuecan con una cucharita. Coloque las hojas grandes de la lechuga en el plato, ponga sobre ellas los tomates. Pique los huevos y el repollo de la lechuga en pedacitos chiquitos, añádale la mayonesa y la mitad de los *petit pois*. Rellene los tomates con esta mezcla, adórnele con el resto de los *petit pois* y alíñelo todo al gusto.

AGUACATES RELLENOS

3	aguacates chicos	¾	taza de mayonesa
	aceite, sal, vinagre y pimienta	¼	taza de ketchup
1	cucharadita de salsa inglesa	1	lechuga
1	latica de petit pois	6	aceitunas rellenas
2	tazas de langosta cocinadas	1	latica de pimientos morrones

Pique los aguacates a la mitad, quíteles la semilla y la cáscara. Corte una lasquita de la parte de abajo para que queden firmes sobre el plato. Pínchelos con un tenedor varias veces y alíñelos al gusto con sal, pimienta, aceite y vinagre.
Pique la langosta. Mezcle la salsa mayonesa con el *ketchup* y la salsa inglesa. Viértala sobre la langosta hasta que se mezcle bien. Añada los *petit pois* y rellene las mitades de aguacate. Adorne cada mitad con las aceitunas y tiritas de pimientos morrones. Sírvalas sobre hojas de lechuga. **Da 6 raciones.**

ENSALADA DE CORONITAS DE BONITO

1	sobre de gelatina sin sabor	½	taza de apio molido
¼	taza de agua	6	aceitunas picaditas
1	lata de bonito en aceite	¾	taza de mayonesa
1	ají de ensalada molido	¼	cucharadita de pimentón
1	lechuga	1	lata de remolacha en ruedas
1	cucharada de vinagre	1	lata de petit pois

Remoje la gelatina en el agua y póngala al baño de María hasta que esté disuelta. Añádale la mayonesa, el bonito desmenuzado, ají, apio, aceitunas, pimentón y vinagre. Póngalo a enfriar en moldes de coronitas engrasados con aceite. Desmóldelos y sírvalos en una fuente llana, en la cual se coloca la lechuga picadita cubierta por las ruedas de remolacha, sobre estas se colocan las coronitas y se les rellena el centro con los *petit pois*. **Da 6 raciones.**

ENSALADA DE FRUTAS

1	melón cantaloupe	½	taza de nueces picaditas
1	melocotón	¼	taza de aderezo francés
1	manzana		(French Dressing)
½	taza de apio picadito	1	taza de mayonesa

Pele las frutas y píquelas en pedacitos, añádales el resto de los ingredientes. Sírvala bien fría sobre hojas de lechuga o berros.

ENSALADA DE FRUTAS HELADAS

1	queso crema	½	taza de guindas picaditas
1	taza de mayonesa	25	pastillitas de altea
1	taza de crema para batir	2	gotas de colorante rojo
1	lata de coctel de frutas		

Forre 2 gavetas chicas del refrigerador o una grande con papel encerado.
Escurra bien el almíbar de las frutas.
Con una tijera mojada corte las pastillas de altea en pedacitos. Bata la crema hasta que esté espesa. Bata el queso crema añadiéndole poco a poco la mayonesa. Agregue la crema batida y los demás ingredientes. No añada el almíbar, solo las frutas. Revuélvalo todo y viértalo en la gaveta del refrigerador. Déjela enfriar hasta que esté firme. Sírvala cortada en triángulos sobre las hojas de lechuga o berro. **Da 12 raciones.**

PIÑA RELLENA CON FRUTAS

2	piñas que tengan bonito penacho	1	queso crema de 6 onzas
1	lata de coctel de frutas	1	taza de mayonesa
			guindas para adornar

Abra las piñas a la mitad a lo largo cuidando de no desbaratar las hojas. Ahueque todo el cascarón de la piña. Corte la piña en trocitos. Escurra el exceso de jugo si la piña fuera muy jugosa. Escurra el almíbar al coctel de frutas. Mézclelas con la mayonesa y el queso batido. Sírvala en los cascarones de piña. Adórnelos con guindas y queso batido. **Da 8 raciones.**

CIRUELAS RELLENAS

1	libra de ciruelas pasas	½	libra de nueces
1	queso crema de 6 onzas		

Remoje las ciruelas durante un par de horas para poder quitarles las semillas. Rellene cada ciruela con una cucharadita de queso crema y póngale en el centro un pedacito de nuez. Sírvalas con jamón, ensalada o piña en ruedas.

ENSALADA DE POLLO SUPREMA

2	pollos de 2 ½ libras cada uno	10	aceitunas rellenas con pimientos
1	taza de apio picadito		
1	taza de petit pois	1½	taza de mayonesa
1	taza de almendras saladas	½	cucharadita de vinagre
3	huevos duros picaditos	½	cucharadita de sal
5	pepinillos dulces encurtidos	2	manzanas
2	queso crema de 2 onzas	1	cucharada de jugo de limón

Cocine los pollos en cacerola y pique la masa en pedacitos, quitándole los huevos y la piel. Añádale apio, *petit pois,* almendras picaditas, huevos duros, pepinillos y aceitunas picaditas, queso crema, sal, mayonesa, vinagre y, por último, las manzanas picaditas y bañadas con el jugo de limón.

Sírvala bien fría sobre hojas de lechuga adornándola al gusto. **Da 12 raciones.**

GUACAMOLE

1	piña grande	½	cucharadita de sal
2	aguacates	⅛	cucharadita de pimienta
¾	taza de mayonesa	2	quesos crema de 2 onzas

Corte la piña por la mitad a lo largo. Déjele las hojas. Quítele la masa del centro con cuidado para no romper el cascarón. Pique la masa en trocitos. Corte los aguacates a la mitad y saque 6 tajadas en forma de medialunas de aproximadamente una pulgada o 10 centímetros de espesor. Corte el resto del aguacate en trocitos y mézclelos con la piña. Bata el queso crema con sal y pimienta. Añádale poco a poco la mayonesa. Mézclelo con el aguacate y la piña. Sirva esta ensalada en los cascarones de la piña y adórnela con las tajadas de aguacate. **Da 6 raciones.**

ASPIC DE TOMATE Y BONITO

1	cucharada de gelatina sin sabor	¼	cucharadita de sal
		1	lata de bonito
¼	taza de agua	¾	taza de apio picadito
2	tazas de jugo de tomate	½	cucharadita de alcaparras picaditas
1	cucharada de vinagre		
1	cucharadita de jugo de limón	1	cucharadita de aceite
1	cucharadita de salsa inglesa	1	lata de pimientos morrones

Remoje la gelatina en el agua durante 5 minutos. Añádala al jugo de tomate caliente, moviendo la mzcla hasta que esté disuelta. Agregue jugo de limón, vinagre, salsa inglesa y sal. Póngalo todo en el refrigerador hasta que empiece a cuajar. Añádale el bonito desmenuzado, el apio y las alcaparras. Únalo todo bien y viértalo en un molde engrasado con aceite, dejándolo de nuevo en el refrigerador hasta que cuaje completamente. Desmóldelo y adórnelo con tiritas de pimientos morrones y ruedas de limón. Sírvalo con mayonesa. **Da 8 raciones.**

ENSALADA CAESAR

2	lechugas de repollo	1	huevo crudo
1	taza de aceite	2	cucharadas de vinagre
4	dientes de ajo	¼	taza de jugo de limón
2	tazas de pan de leche cortado en cuadritos de ½ pulgada	½	taza de queso patagrás rallado
1	cucharada de salsa inglesa	¼	libra de queso roquefort ligeramente desbaratado con un tenedor
½	cucharadita de mostaza		
1	cucharadita de sal		
¼	cucharadita de pimienta		

Prepare primero el aceite con ajo; machaque ligeramente los dientes de ajo y déjelos reposar en el aceite durante aproximadamente 2 o 3 horas para que el aceite tome el sabor del ajo (esto puede prepararse en cantidades mayores y tenerlo a mano cada vez que se desee preparar la ensalada de este tipo).

Tueste el pan hasta que esté doradito después de cortado en pedacitos.

Al momento de servir la ensalada:

Corte la lechuga en pedazos como de una pulgada (puede añadírsele también, si se desea, berros, escarola o pedacitos de endibia).

Añádale la mitad del aceite (al cual se le quitan los dientes de ajo para usarlo en la ensalada), el jugo de limón, vinagre, salsa inglesa, sal, pimienta, mostaza, huevo ligeramente batido (crudo) y el queso; únalo todo y añádale por último el pan tostado remojado en el resto del aceite.

Nota: Si no desea usar el huevo crudo puede pasarlo ligeramente por agua, pero debe quedar muy blandito. La receta original de esta ensalada, creada por el chef Caesar en un lugar de veraneo llamado Aguas Calientes, en el estado de California, se prepara con el huevo crudo.

ENSALADA DE POLLO CON PIÑA

1	piña blanca	1	taza de mayonesa
1	taza de masa de pollo cocinada	1	taza de apio picadito
		½	taza de nueces picaditas

Abra la piña a lo largo dejándole todas las hojas. Corte la masa de la piña y mézclela con pollo, mayonesa, nueces y apio. Póngalo de nuevo en los cascarones de la piña. Sírvala bien fría. **Da 6 raciones.**

ENSALADA DE MARISCOS

1	libra de camarones	1	lata de puntas de espárragos
2	langostas	6	huevos duros
2	cangrejos	1	taza de mayonesa
2	libras de papas	½	taza de ketchup
2	cucharadas de ají picadito	1	cucharada de jugo de limón
¾	tazas de apio	1	cucharadita de salsa inglesa
1	lata de petit pois		

Cocine los mariscos en agua con sal. Pele y pique los mariscos. Deje algunos enteros para adornar. Corte las papas en cuadritos. Cocine las papas en agua hirviendo con sal. Cuando las papas estén blandas, pero sin dejar que se desbaraten, escurra el poquito de agua que queda en la cacerola. Mezcle las papas con la cebolla y el ají. Deje enfriar las papas. Añada los demás ingredientes y sazónela con sal y pimienta a gusto. **Da 15 raciones.**

ENSALADA RUSA

4	tazas de papas	1	taza de masa de langosta
2	tazas de remolacha	1	taza de jamón
1	taza de zanahoria	3	huevos duros picaditos
¾	taza de petit pois	1½	cucharadita de sal
1	taza de masa de pollo	1	taza de mayonesa

Las papas, peladas y cortadas en cuadritos, deben cocinarse en agua con sal hasta que se ablanden. Para obtener 4 tazas, se deben cocinar 2 libras aproximadamente. Déjelas enfriar antes de mezclarlas con los otros ingredientes. Las zanahorias y las remolachas, también cortadas en cuadritos, pueden ser de lata. Deje enfriar las papas antes de mezclarlas con los otros ingredientes. Use langosta u otro marisco hervido y el pollo o pavo cocinado en cacerola.

Mezcle todos los ingredientes con la mayonesa y la sal. Sírvala bien fría sobre hojas de lechuga. **Da 15 raciones aproximadamente.**

SÁNDWICHES Y BOCADITOS

Son tantos los *sándwiches* y bocaditos que se pueden hacer, que casi podemos asegurar que las recetas suman miles y miles. Pero a la hora de prepararlos, debemos aprovechar los ingredientes que tenemos en casa, especialmente si esos *sándwiches* son para una merienda o comida informal donde habrá pocos comensales.

A veces nos sobra un pedazo de carne o pescado de alguna comida, y se pasa uno o dos días en el refrigerador, sin que nadie se lo coma; después, ya reseco y viejo, acabamos por botarlo. Eso no debe sucederle a usted. Aprovéchelo, muélalo y mézclelo con mayonesa o queso crema, añádale un poco de mostaza o salsa de tomate, quizás algún pepinillo picadito o un poco de cebolla picadita y ya tiene una sabrosa pasta para untarle al pan o a las galletas, cuando lleguen los muchachos del colegio. Y, por supuesto, guárdele un poco a su esposo para cuando llegue del trabajo... le encantará esa pasta con galleticas y una cerveza bien fría.

Si muchas son las combinaciones de pastas que se pueden hacer en la casa, mas quizás son las pastas ya preparadas que podemos comprar y tener a mano para una ocasión imprevista: jamón del diablo, pasta de anchoas, foie-gras, pasta de queso de variados sabores, embutidos, sardinas...

Además de los bocaditos salados que se sirven como aperitivos y de los *sándwiches* más sustanciosos, hay una gran variedad de bocaditos y *sándwiches* dulces que resultan especialmente del agrado de los muchachos para tomar con leche fría y de los mayores para saborear con refrescos, jugos de frutas, té o café.

Cuando usted prepare los bocaditos, tenga en cuenta que los que se preparan con pasta a base de mayonesa deben ser los que se vayan a comer dentro de 1 hora, porque si no la mayonesa ablanda demasiado el pan. Si los bocaditos se preparan con mucha anticipación es mejor hacer una pasta a base de queso crema o mantequilla que con el frío del refrigerador se endurece y no ablanda el pan.

Cuando haga pasta de bocaditos con queso crema o mantequilla, use estos ingredientes a la temperatura ambiente, para que resulte más fácil mezclarlos con los demás. Si usa pepinillos, aceitunas o cebolla picadita, escurra bien su vinagre o jugo antes de añadirlos a la pasta, para evitar que el exceso de líquido la afloje demasiado.

Use siempre un cuchillo bien afilado para cortar los bocaditos y para quitarle la corteza al pan, si lo desea.

Si va a servir la pasta con las galleticas, es mejor que cada comensal se sirva a sí mismo, porque las galleticas pierden su consistencia tostadita si se dejan mucho rato untadas con pasta. Coloque la pasta en un pozuelito y rodéelo de galleticas de modo que cada uno se sirva a su gusto.

BOCADITOS DE BONITO

1	*lata de bonito en aceite*	1	*cucharadita de aceite*
½	*taza de ketchup*	2	*quesos crema de 6 onzas*
2	*cucharaditas de mostaza*	2	*libras de pan de molde*
2	*cucharadas de leche fresca*		

Bata el bonito con la salsa de tomate, mostaza, leche y aceite. Bata el queso hasta que se ablande y agregue los demás ingredientes. Úntelo en el pan y forme los bocaditos.

PASTA DE SARDINAS

1	lata de sardinas	1	cucharadita de vinagre
1	taza de mayonesa	2	huevos duros picaditos
1	cucharada de mostaza		

Aplaste las sardinas con un tenedor y añádales los demás ingredientes. Únalo todo bien hasta obtener una pasta suave. Úntela en el pan o sírvala con galleticas.

PASTA DE JAMÓN DEL DIABLO Y ACEITUNAS

12	aceitunas	2	quesos crema de 6 onzas
$1/8$	libra de mantequilla	½	taza de mayonesa
2	laticas de jamón del diablo		

Pique las aceitunas. Una todos los ingredientes y sirva la pasta con galleticas o úntela en pan de molde y forme bocaditos.

PASTA DE QUESO Y ALMENDRAS

¼	taza de almendras saladas	½	taza de mayonesa
2	tiras de bacón fritas	¼	cucharadita de sal
1	cucharadita de cebollitas encurtidas	1	taza de queso patagrás rallado

Pique bien las almendras, el *bacón* y las cebollitas. Una bien todos los ingredientes hasta formar una pasta y úntela en rebanadas finas de pan para formar bocaditos.

PASTA DE QUESO

½	libra de queso patagrás	¼	cucharadita de mostaza
4	cucharadas de mantequilla	¼	cucharadita de pimienta
2	tazas de leche	1	cucharadita de salsa inglesa
4	cucharadas de leche	2	huevos
1	cucharadita de sal		

Muela el queso. Derrita la mantequilla en la parte superior de una cacerola para baño de María, añádale la leche batida con harina, sal, mostaza, pimienta y salsa inglesa. Cocínelo todo al baño de María, revolviendo constantemente hasta que espese ligeramente. Bata los huevos y échele poco a poco la salsa caliente. Ponga en la batidora la mitad de la salsa con la mitad del queso y bátalo hasta que el queso esté desleído por completo en la salsa. Haga lo mismo con el resto de la salsa y el queso. Vuélvala a poner al baño de María y cocínela sobre agua caliente, no hirviendo, revolviendo constantemente hasta que espese bien. Déjela refrescar tapada y guárdela en pomos en el refrigerador. **Da 3 tazas.**

Esta pasta se puede servir fría para untar en galleticas, o caliente como una salsa de queso sobre tostadas o vegetales.

PASTA DE QUESO Y JAMÓN

Añádale a la pasta anterior 1½ tazas de jamón dulce molido.

BOCADITOS DE HUEVO

Pasta

6	*huevos duros picaditos*	½	*cucharadita de sal*
2	*quesos crema de 2 onzas*	1	*libra de pan*
3	*cucharadas de mayonesa*		

Mezcle todos los ingredientes de la pasta y unte las rebanadas de pan uniéndolas de dos en dos. Córtelos en triángulos. **Da 16 bocaditos grandes o 32 pequeños.**

BOCADITOS ENROLLADOS

2	*libras de pan de molde*	1	*lata de bonito en aceite*
2	*cucharadas de ketchup*	¼	*cucharadita de sal*

1 pomo grande de aceitunas rellenas con pimientos (aproximadamente 1 libra)	1 cucharadita de mostaza
	2 quesos crema de 6 onzas

Corte el pan a la mitad, quítele la corteza y corte cada mitad en lascas largas que tengan aproximadamente ¼ pulgada de espesor. Mezcle los ingredientes de la pasta. Extienda la pasta sobre cada lasca de pan. Coloque 3 aceitunas en el extremo de cada lasca y enrolle el pan sobre las aceitunas como si fuera un brazo gitano. Coloque los rollitos de tres en tres en papel encerado. Envuélvalos y guárdelos en el congelador un par de horas por lo menos. Quite el papel a los rollitos. Córtelos en rueditas de aproximadamente ¼ de pulgada de espesor. **Salen aproximadamente 125 bocaditos.**

Nota: El pan podrá cortarse mejor en una rebanadora eléctrica como las que se utilizan para rebanar quesos y jamón, y si lo compra ya rebanado es mejor. El pan debe ser muy fresco y si usted no hace los bocaditos en el momento de comprar el pan, procure mantenerlo bien envuelto en papel encerado para que no se endurezca. Si el pan se endurece puede humedecerse ligeramente con agua o leche pero es mejor hacer los bocaditos con el pan fresco.

Puede variar el relleno haciéndolo de otras pastas propias para bocaditos. Use una pasta que no sea blanca como el pan, para que al cortar los bocaditos se vea contraste de color.

BOCADITOS LINDOS

1 taza de masa de pollo cocinado	2 huevos duros picaditos
	2 quesos crema de 2 onzas
½ taza de mayonesa	24 panecitos
1 pepino encurtido picadito	1 lata de pimientos morrones

Una todos los ingredientes hasta formar una pasta. Abra una cavidad a cada panecito y rellénela con la pasta. Adorne cada uno con 2 tiras de pimientos morrones formando una cruz.

CANAPÉS DE LANGOSTA

2 cucharadas de mantequilla
1 lata de langosta al natural
1 cucharadita de mostaza
6 aceitunas picaditas
¼ cucharadita de pimienta
1 libra de pan de molde

Muela la langosta. Bata la mantequilla y añádale la langosta, la mostaza, aceitunas y pimientas. Únalo todo bien hasta formar una pasta. Corte cada rebanada de pan con un cortador de *doughnuts* para formar los canapés. Unte cada rebanada con esta pasta y adórnela con aceitunas o con huevo rallado.

CHEESEBURGERS

½ libra de carne de res
½ libra de carne de puerco
 o jamón
1 cebolla chica
1 diente de ajo
1 cucharada de mostaza
6 lascas de queso proceso
6 panecitos
 mostaza, sal, pimienta
 y ketchup

Muela las dos carnes con la cebolla y el ajo. Añada 1 cucharada de mostaza y forme pequeñas fritas. Únalas de dos en dos poniéndole una lasca de queso en el centro. Fríalas en aceite caliente hasta que estén cocinadas por ambos lados. Sírvalas en panecitos y sazónelos al gusto con mostaza, sal, pimienta y *ketchup*.

BOLITAS DE QUESO Y MANÍ

¼ taza de harina
¼ cucharadita de pimentón
1 cucharadita de sal
2 tazas de queso patagrás rallado
4 cucharaditas de pimientos morrones picaditos
2 claras de huevo
½ taza de maní picadito

Mezcle la harina con el pimentón, sal, queso y pimientos. Añada a la mezcla las claras batidas a punto de nieve. Haga pequeñas bolitas. Envuélvalas en maní picadito y fríalas en aceite caliente a 375° F.

PERROS RELLENOS

1 lata de perros calientes	panes alargados para perros
½ libra de queso proceso	papitas fritas
½ libra de bacón o tocineta	salsa ketchup y mostaza

Abra los perros a lo largo y póngales en el centro una tira de queso, enrolle cada perro en una lasca de bacón, préndalo con palillos y hornéelos 5 minutos en un horno caliente. Vigílelos para que el queso no se derrita demasiado y se salga de los perros. Sírvalos inmediatamente en panes con las papitas, *ketchup* y mostaza.

CANAPÉS DE QUESO Y BACÓN

1 libra de pan de molde	½ libra de bacón o tocineta
½ libra de queso proceso	mostaza

Quite la corteza al pan y corte cada pedazo en 2 rectángulos. Únteles la mostaza y coloque sobre cada pan una lasca de queso (que debe ser del tipo que se derrite fácilmente) y un pedacito de bacón. Colóquelos sobre una tartera y hornéelos a 400° F hasta que el pan y el bacón estén tostaditos y el queso derretido, aproximadamente 10 minutos.

STRATTA DE QUESO

8 rebanadas de pan de leche	2 tazas de leche fresca
½ libra de queso proceso	3 huevos
¼ libra de jamón dulce	½ cucharadita de sal
⅛ libra de mantequilla	¼ cucharadita de pimienta

Quite la corteza al pan y úntelo con mantequilla. Haga 4 *sándwiches* de queso y jamón. Colóquelos en un molde rectangular engrasado con mantequilla. Cúbralos con leche batida, huevos, sal y pimienta. Déjelo reposar en el refrigerador por lo menos ½ hora. Hornéelo a 350° F aproximadamente 45 minutos. Sírvalo de inmediato. Puede hacerse sin el jamón.

POSTRES

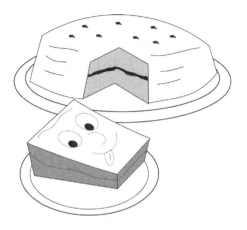

El postre nos da siempre una oportunidad más de redondear el menú desde el punto de vista nutritivo, incluyendo en él los alimentos que faltan en el resto de la comida, ya que la variedad de los alimentos diarios es un factor importante para una buena nutrición. Si los platos que lo preceden son ligeros, el postre debe ser de tipo fuerte como pastel, flan, pudín, etcétera. Si la comida es pobre en proteínas, el postre debe ser preferiblemente de huevo, queso o leche para subsanar esta falta. Cuando la comida es fuerte y casi completa, escoja un postre ligero como gelatina, helado de fruta o fruta fresca. Si su menú no tiene un plato de muchos carbohidratos como papa, arroz, macarrones u otras similares, puede servir un postre como arroz con leche, pudín de pan, boniatillo o harina en dulce.

Muchas recetas de flan, pudín y dulces en almíbar dicen: "viértase en un molde bañado de caramelo", "almíbares de medio punto" o "punto de caramelo". Los novatos que leen la receta se preguntan: ¿Cómo se hace este caramelo?, ¿qué es un almíbar de medio punto? Si usted no lo sabe, aquí está la respuesta.

CÓMO HACER CARAMELO
PARA BAÑAR MOLDES DE FLAN O PUDÍN

¾ *taza de azúcar blanca*

Ponga el azúcar en una cacerola chica y colóquela al fuego. Revuelva el azúcar constantemente con una cuchara de madera hasta que se derrita y tome color de caramelo. Vierta el caramelo en el molde que desea acaramelar y mueva el molde de un lado a otro para que el caramelo se vaya pegando a los lados. Debe continuar moviendo el molde hasta que el caramelo se haga muy espeso y no se desprenda de los lados del molde.

Esta cantidad alcanza para un molde de tamaño corriente (aproximadamente, 1 litro de capacidad). Si desea hacer más caramelo aumente la cantidad de azúcar.

Si se equivoca al calcular el azúcar y no le alcanza el caramelo para bañar todo el molde puede hacer más y verterlo sobre la parte del molde que quedó sin caramelo.

El caramelo se cristaliza y a veces se cuartea si se prepara con mucha anticipación; si todavía está caliente al añadir la mezcla, se sentirá un sonido crujiente como si se estuviera partiendo el molde. Esto no altera la receta... no tiene importancia.

Al preparar caramelo para un molde, hágalo con cuidado y proteja sus manos con un guante, agarradera o paño de cocina, pues la quemadura con caramelo es muy dolorosa.

CÓMO DETERMINAR EL PUNTO DE UN ALMÍBAR

Hacer un almíbar es muy sencillo. Ponga en una cacerola a la candela el agua con el azúcar. La proporción es generalmente ½ taza de agua por 1 taza de azúcar, aunque algunas recetas sólo recomiendan el agua necesaria para humedecer el azúcar.

Un almíbar muy ligero como el que se usa para los buñuelos, frituras, etcétera, no requiere mucho cuidado en su preparación. Solo evitar que se azucare y para esto lo que tiene que hacer es no revolver después que está al fuego y añadirle siempre unas gotas de limón. Desde que empieza a hervir hasta aproximadamente 5 minutos después, usted puede retirarlo del fuego de acuerdo con su gusto. Recuerde siempre que el almíbar espesa más cuando se enfría.

CÓMO DETERMINAR EL PUNTO DE UN ALMÍBAR DESPUÉS DE COMENZAR A HERVIR

Desde que comienza a hervir hasta el punto de caramelo, hay una serie de puntos intermedios que son más difíciles de determinar y, precisamente, estos son los que requieren muchas recetas.

Punto de hebra	230° F (110° C)
Punto de melcocha suave	238° F (115° C)
Punto de melcocha dura	254° F (123° C)
Punto de caramelo claro	290° F (143° C)
Punto de caramelo oscuro	310° F (154° C)

El punto de hebra o de hilo (230° F), se demora cerca de 5 minutos después de haber empezado a hervir. Lo podemos reconocer porque si echamos una gotica en un poquito de agua fría se disuelve en el agua. Se pega ligeramente a los dedos cuando uno lo toca, después de haberlo dejado refrescar en una cuchara, y hace un hilo fino al separar los dedos.

El punto de melcocha suave (238° F), se demora poco más o menos 7 minutos después de haber empezado a hervir. Lo podemos reconocer porque al echar una gotica en el agua no se disuelve y se puede distinguir. Forma como una bolita de melcocha ligera que apenas podemos amasar.

El punto de caramelo claro (290° F) se demora aproximadamente 10 minutos después de haber empezado a hervir.

Cuando echamos una gotica en agua, cruje ligeramente. No se puede amasar. Forma una bolita dura, como de cristal.

El punto de caramelo oscuro (310° F) se demora alrededor de 11 minutos. La consistencia es la misma que la del caramelo claro, pero el color empieza a cambiar y el almíbar coge color de caramelo.

Los minutos que indicamos para cada punto de almíbar los hemos calculado, usando una proporción de ½ taza de agua por cada taza de azúcar, empezando a contar después que el almíbar rompe el hervor e hirviéndola siempre a fuego vivo. Cuando se usa una proporción con mayor cantidad de agua, el almíbar se demora más en llegar a estas temperaturas y por el contrario cuando se usa menos de ½ taza de agua por cada taza de azúcar, alcanzará estas temperaturas con menos tiempo.

Siempre es bueno probar el punto y no guiarse solamente por el reloj. La intensidad del fuego puede variar el tiempo necesario para que un almíbar llegue a una temperatura en un tiempo determinado.

No revuelva el almíbar después que ponga la cacerola al fuego, hágalo antes mientras el agua está fría.

Añádale jugo de limón o vinagre para que no se azucare. Serán suficientes 2 gotas por cada taza de azúcar.

La preparación de *cakes* y panetelas es realmente fácil, cuando se sigue cuidadosamente una buena receta y se conocen todos los factores que pueden determinar el éxito o el fracaso de un *cake*. Solo hay un gran secreto: haga lo que dice la receta. Mezcle de acuerdo con las instrucciones, use los moldes adecuados y prepárelos antes de empezar a mezclar. Hornéelo a la temperatura y tiempo indicados. Déjelo refrescar antes de cubrirlo. Así siempre su *cake* resultará delicioso.

LOS INGREDIENTES DE UN CAKE O PANQUÉ

La proporción de ingredientes que lleva una receta se determina de acuerdo con el método por el cual se va a mezclar. No siempre se pueden alterar o cambiar ni los métodos, ni los ingredientes. Lo más acertado es seguir cuidadosamente y al pie de la letra las instrucciones de una receta ya probada.

Es muy importante que todos los ingredientes que van a entrar en la elaboración del *cake* o panetela estén a la temperatura ambiente antes de empezar a utilizarlos. Si alguno de estos ingredientes ha estado en el refrigerador (leche, huevos, mantequilla...) sáquelos con anticipación para que estén a la temperatura ambiente cuando vaya a utilizarlos.

Tenga todos los ingredientes preparados antes de empezar a mezclar. A través de todo este libro hemos insistido mucho en la necesidad de medir correctamente los ingredientes de una receta, y esto adquiere más importancia aún a la hora de hacer un *cake* o una panetela. Antes de hacer cualquiera de las recetas de este capítulo, le recomendamos que lea el capítulo Cómo medir los ingredientes.

CÓMO MEZCLAR CORRECTAMENTE UN CAKE O PANQUÉ

Fundamentalmente la masa de *cake* no se bate. Es precisamente el término batir el que confunde a muchas personas, porque creen que los cakes hay que batirlos con fuerza y esto es un error. Solo se debe batir cuando se trata de cremar o disolver el azúcar con la mantequilla. Cuando esto se hace a mano, debe ponerse la mantequilla en una taza bola, añadir poco a poco el azúcar y con la cuchara de madera disolver el azúcar hasta que quede bien ligada con la mantequilla. En esta parte de la mezcla del *cake* mientras más se disuelva el azúcar y menos se sienta el grano al tocar la mezcla, mejor.

Cuando se añaden los huevos debe siempre mezclarse bien cada huevo antes de añadir otro a la masa. Al agregar los ingredientes secos no debe batir, solo envolver estos suavemente. Algunas recetas se hacen añadiendo las claras batidas previamente a punto de nieve y cuando las incorporan a la masa de *cake* debe hacerse con un movimiento envolvente, suave y sin batir.

Cuando en alguna receta se añaden los ingredientes líquidos de una sola vez, parecerá que la mezcla se ha cortado y se ha echado a perder; pero al añadir los ingredientes secos poco a poco, recobra de nuevo su uniformidad.

Para mezclar los ingredientes de un cake con una mezcladora eléctrica debe seguir las instrucciones del fabricante. Como indicaciones generales, recuerde que para batir la mantequilla con el azúcar y para añadir los huevos se usa una velocidad moderada.

Al añadir los ingredientes secos y el líquido, generalmente es más recomendable la menor velocidad, ya que mientras menos se bata, más suave queda el *cake* o panetela.

CÓMO PREPARAR LOS MOLDES

La preparación de los moldes de *cakes* o panetelas es importante y debe hacerse siempre antes de empezar a mezclar. Los moldes pueden simplemente engrasarse y a su vez polvorearse con harina y también pueden forrarse con papel encerado. Cada receta indica cómo debe preparar los moldes requeridos.

Las técnicas modernas y las últimas investigaciones realizadas en cocinas experimentales han dado por resultado algo que quizás resulte revolucionario y raro para aquellas personas que durante muchos años han estado haciendo *cakes* con moldes totalmente engrasados. Ahora se sabe que los *cakes* crecen más y mejor si se hornean en un molde sin engrasar los lados. Lo mejor es engrasar o forrar con papel encerado el fondo del molde y no los lados, porque la masa de *cake* se adhiere mejor a los lados del molde sin engrasar, y podemos decir que los usa como punto de apoyo para subir hasta el máximo. Así el *cake* crece más y al mismo tiempo el fondo se desprende fácilmente.

Los panquecitos individuales también solo requieren engrasarse en el fondo cuando se preparan con mezclas que tienen por lo menos una parte de grasa por cada 3 o 4 partes de harina. Desde luego, lo mejor para hacer panquecitos individuales es usar capacillos de papel. Estos se colocan en el molde sin engrasar y se llenan hasta la mitad con la mezcla. Después de horneados los panquecitos se sirven en el mismo capacillo de papel. Los moldes muy profundos de 3 pulgadas o más como los moldes de anillo, los moldes de pan y los de formas especiales sí deben engrasarse por todos los lados y polvorearlos con harina.

Para engrasar los moldes puede usar cualquier grasa, aunque suele preferirse la manteca o el aceite. Estos dos tipos de grasa son más recomendables para engrasar los moldes que la mantequilla, especialmente para aquellos *cakes* que requieren más tiempo al horno. La mantequilla se quema con más facilidad que la manteca y el aceite. Sin embargo, algunas personas prefieren usar la mantequilla porque es la grasa que emplean para hacer el *cake* y la tienen más a mano. Recuerde que si es necesario hornear durante un tiempo prolongado, esto no es recomendable.

Para polvorear el molde con harina, después de engrasarlo, eche, aproximadamente, 1 cucharadita de harina en el molde, sacúdalo para que la harina se pegue a la grasa por todas partes. Después vírelo y dele unos golpecitos de modo que salga la pequeña cantidad de harina que no quedó adherida a la grasa.

Las verdaderas panetelas y los *cakes* de tipo ángel necesitan apoyarse en los lados del molde para crecer. Los moldes para hornear *cake* de ángel y panetelas no se engrasan y siempre deben lavarse para que queden libres de cualquier residuo de grasa.

CÓMO HORNEAR UN CAKE O PANQUÉ

La temperatura del horno es igualmente importante, y muchos *cakes* y panetelas medidos correctamente, mezclados a la perfección, vertidos en moldes apropiados, fracasan cuando se hornean a temperaturas inestables.

El horno debe encenderse siempre antes de empezar a mezclar el *cake* para así tener la temperatura indicada al momento de terminar la mezcla.

Como regla general podemos decir que la puerta del horno no se debe abrir hasta que haya pasado por lo menos la mitad del tiempo total que necesita para hornearse, pero todavía es mejor no abrirlo hasta que haya transcurrido casi todo el tiempo de horneo, ya que los *cakes* crecen durante las primeras ¾ partes del tiempo que permanecen en el horno.

Todas las mezclas de *cakes* no pueden hornearse del mismo modo. La temperatura y tiempo de horneo que requiere cada receta se determina de acuerdo con la proporción de los ingredientes, la cantidad de la mezcla, y el tamaño y profundidad del molde.

El calor del horno es más uniforme en el centro, por eso ahí es donde deben situarse las parrillas, con una separación entre una y otra que permita la colocación de los moldes.

Si usted usa los moldes de tamaño adecuado a la receta y la temperatura del horno es correcta, el *cake* ya debe estar cuando pase el tiempo indicado, pero para mayor seguridad le recomendamos que antes de sacarlo del horno se fije en lo siguiente:

El *cake* debe haber crecido hasta llenar el molde y tener un color ligeramente tostadito, con excepción de los de chocolate que, por lógica, son más oscuros, o los que llevan azúcar prieta o melado.

Al tocar ligeramente la superficie en el centro con la punta de los dedos, la masa debe volver a su posición normal y no quedar huellas.

Al insertar un palillo o alambre en el centro, debe salir seco. Esta prueba es por lo general infalible, con excepción de aquellas masas de *cakes* muy ricas en grasa y los de chocolate que tienen una masa ligeramente amelcochada.

Los cakes, con excepción de los de ángel y las verdaderas panetelas, o sea, las que no llevan grasa, deben estar ligeramente desprendidos de los lados del molde.

Los moldes de forma especial que por lo general tienen más profundidad que los moldes corrientes para *cakes*, suelen necesitar más tiempo en el horno.

Cuando usted saque el *cake* del horno debe dejarlo refrescar para cortarlo. A veces resulta mejor preparar la masa y hornearla un día antes de vestirlo y cortarlo. Los *cakes* que se hornean en moldes de forma corriente deben dejarse refrescar de 5 a 15 minutos, de acuerdo con el tamaño del molde y los ingredientes de la mezcla. Mientras mayor sea el molde, más tiempo debe dejarlo refrescar. Los *cakes* que se hacen con jugos de frutas como líquido, necesitan más tiempo para evitar que se desboronen al cortarlos.

No permita que el *cake* se enfríe completamente en el molde, porque esto lo hará quedar gomoso y con correa debido al vapor que produce el calor.

Termine siempre de enfriarlos, colocándolos sobre una parrilla. No corte *cakes* ni panetelas mientras estén calientes.

CÓMO VESTIR UN CAKE O PANQUÉ

Una de las cosas que más nos invita a comer un *cake* es el aspecto que ofrezca a la vista y aquí desempeña un papel importante el azucarado.

Para cubrir un *cake* colóquelo primero sobre una dulcera, bandeja o fuente que le ofrezca un marco adecuado. Como regla general la fuente o plato donde se coloca, debe tener unos 5 centímetros más de tamaño, de modo que le haga un buen marco, ya que si el plato es muy chiquito o excesivamente grande, el conjunto luce poco atractivo por la poca relación de tamaño entre el plato y el *cake*.

Si el *cake* es del tipo ligeramente húmedo como los de chocolate o de los que tienen más grasa, polvoree un poco de azúcar sobre el plato antes de ponerlo y así cuando usted lo corte no se pegará. El *cake* se puede cubrir con azúcar está todavía en la rejilla y después, con 2 espátulas o paletas anchas, cambiarlo para el plato o bandeja. También se puede hacer en la misma bandeja o plato, para ello se ponen debajo 4 triángulos de papel encerado que después se pueden retirar para que el borde del plato quede completamente limpio.

Si se guardan fuera del refrigerador, los *cakes* mantienen mejor textura. Aquellos que tienen algunas cremas o relleno de mantequilla se deben guardar siempre en el refrigerador para evitar que se echen a perder.

ALMÍBAR

Mezcle el agua con el azúcar y la cáscara de limón u otro condimento a gusto. Póngala a la candela y déjela hervir (sin revolverla) aproximadamente 5 minutos o hasta que al tocarla con los dedos en una cuchara, usted sienta que está un poquito pegajosa.

BORRACHO

2 tazas de azúcar (1 libra)   *Limón, canela, anís, etc., a gusto*
1 taza de agua

Haga la receta básica de almíbar y al bajarla de la candela añádale 3 cucharadas de ron, aguardiente o licor.

DE CARAMELO

Derrita 2 cucharadas de azúcar como si fuera a hacer caramelo para bañar el molde de un flan. Échele luego, ahí mismo, el agua y el azúcar. Déjela hervir hasta que tenga el punto que usted desea. Queda muy sabrosa y con un lindo color doradito.

DE MELADO

Haga la receta básica de almíbar y al bajarla de la candela añádale alrededor de 1 taza de melado de caña.

DE NARANJA

Utilice jugo de naranja dulce en lugar de agua para hacer el almíbar y échele un pedazo de cáscara de naranja mientras se cocina.

CÓMO PREPARAR MERENGUE DE ALMÍBAR PARA CUBRIR PANETELAS, PANQUÉS Y OTROS DULCES

Ponga en un jarro a la candela el agua con el azúcar y zumo de limón. Déjelo hervir 7 minutos aproximadamente, sin revolverlo, hasta que al echar un poco de ese almíbar en un pozuelo con agua fría la mezcla tome consistencia de bola suave que se puede amasar como una melcocha.

Mientras se cocina el almíbar, bata las claras a punto de nieve y agregue poco a poco las 4 cucharadas de azúcar. Cuando el almíbar adquiera ya el punto de bola suave o melcocha, comience a agregarlo poco a poco, caliente, al merengue, y bátalo constantemente hasta terminar de añadir el almíbar y que el merengue tenga la consistencia deseada, que debe ser la que permita que al pasarle un tenedor u otro utensilio por la superficie, la marca de este permanezca en el merengue.

Ya con este punto, úselo para poner entre una y otra capa de panetela y luego para cubrirla y adornarla a su gusto.

Para trabajar este merengue con un cucurucho de papel, o manga de adornar pastelería y que no se seque, manténgalo siempre envuelto en un paño húmedo mientras trabaja.

Si desea teñir el merengue y no tiene colorantes vegetales especiales para repostería, puede emplear pequeñas cantidades de jugo de remolachas para lograr el color rosado; jugo de zanahorias, mango u otro fruto amarillo para este color; jugo de espinacas o acelgas para el color verde y algunas gotas de azul de metileno para el azul. También se puede obtener el verde con jugo de zanahorias y gotas de azul de metileno, pero siempre debe usar estos ingredientes con un gotero y, si es necesario, repetir la cantidad de merengue y si quiere lograr el mismo color, es conveniente medir las gotas que se añaden de cada sustancia para lograr la misma tonalidad.

Este merengue se puede hacer en mayor o menor cantidad siempre que se mantenga la proporción de 1 taza de azúcar en forma de almíbar por cada clara de huevo. Cuando se enfría y se endurece, permite fácilmente trasladar el dulce de un lugar a otro sin perder el adorno y tiene un buen sabor que, además, se puede aromatizar con vainilla, café u otros ingredientes.

En días lluviosos, de gran humedad, es conveniente preparar el merengue con un almíbar de muy buen punto, tal vez un poco más grueso que lo indicado en la receta básica. También se puede emplear la técnica de vestir el panqué o panetela con el merengue batido solo hasta que monte un poco y no pierda la forma, pero que no esté muy duro, y luego batirlo un poco más para emplearlo en la manga y decorar. Como muchas recetas, esta requiere un poco de práctica hasta dominar su técnica, pero el resultado final merece el tiempo empleado en aprender.

BONIATILLO BORRACHO

2	libras de boniatos	2	yemas de huevo
2	libras de azúcar	1	cucharada de mantequilla
2	tazas de agua	½	taza de vino dulce o licor
1	limón	2	cucharadas de ron
¼	cucharadita de sal		

Salcoche los boniatos. Cuando casi estén blandos, ponga a hacer un almíbar con el azúcar, agua, cáscara de limón y algunas gotas de jugo. No revuelva el almíbar mientras está a la candela. Déjelo hervir aproximadamente 5 minutos. Haga un puré con los boniatos calientes. Échele el almíbar, también caliente, y páselo todo por un colador. (Puede usar la licuadora para unir el almíbar con los boniatos.) Añádale la sal y las yemas de huevo. Cocínelo revolviendo hasta que espese. Bájelo de la candela. Agréguele la mantequilla y cuando esta se derrita échele el vino dulce o licor y el ron. Polvoréelo con canela o cúbralo con merengue. Si lo desea, puede dorar el merengue al horno. Para hacer el merengue use las 2 claras sobrantes y 4 cucharadas de azúcar. Déjelo enfriar antes de servirlo. **Da para 8 raciones.**

ARROZ CON LECHE FRESCA

½	taza de arroz crudo	1	taza de azúcar
1½	tazas de agua	¼	cucharadita de sal
1	pedazo de cáscara de limón	1	cucharadita de vainilla
1	pedazo de canela en rama	1	cucharadita de canela
1	litro de leche		molida

Lave el arroz y póngalo a ablandar con el agua, limón y canela en rama. Cuando se ablande y se seque el agua, añádale leche, sal y azúcar. Déjelo cocinar a fuego mediano, alrededor de 1 hora, hasta que se espese. Revuélvalo de vez en cuando para que no se pegue en el fondo. Sírvalo polvoreado con canela o plánchelo como una natilla (Se polvorea la superficie con azúcar después que se deja enfriar y se quema con una plancha o hierro caliente.) **Da aproximadamente, para 8 raciones.**

Para usar arroz cocinado sobrante de una comida anterior, use 1½ tazas de arroz cocinado para esta misma cantidad de leche y azúcar, con leche evaporada use 1 lata con 2¼ tazas de agua, con leche condensada utilice una parte de leche por 3 de agua y no emplee azúcar.

CASCOS DE NARANJA O TORONJA

Aproveche las cáscaras de naranja o toronja para hacer este sabroso y económico dulce. Si desea reunir las cáscaras de varios días, consérvelas siempre en agua para que no se resequen.

6	*naranjas o 4 toronjas*	4	*tazas de agua*
6	*tazas de azúcar blanca*	1	*limón*
2	*tazas de azúcar prieta*		*canela en rama (a gusto)*

Sáquele con cuidado la masa y los hollejos a las cáscaras de naranja o toronja. Pélelas y déjelas en remojo durante la noche. A la mañana siguiente cámbieles el agua y póngalas a hervir 15 minutos. Cambie el agua de nuevo y vuélvalas a hervir. Repita esta operación 2 o más veces cambiándoles siempre el agua. Deben hervirse hasta que se vean algo transparentes. Bóteles el agua y cuando se hayan refrescado un poco, exprímalas con cuidado entre paños de cocina para sacarles el agua. En una cacerola grande ponga a hervir las 4 tazas de agua con azúcar, cáscara de limón, canela y algunas gotas de jugo de limón. Cuando el almíbar haya hervido, aproximadamente, 5 minutos, eche las naranjas o toronjas. Déjelas cocinar a fuego lento alrededor de 2 horas o hasta que el almíbar tenga punto y se pegue a los dedos. **Da aproximadamente, 12 raciones.**

FLAN DE CALABAZA

1½	libras de calabaza	¼	cucharadita de sal
1	lata de leche condensada	5	cucharadas de maicena
2	tazas de agua	1¼	tazas de azúcar
1	pedazo de canela en rama	1	cucharadita de vainilla

Pele la calabaza y póngala a salcochar hasta que se ablande. Mezcle la leche condensada con el agua. Ponga a hervir la mitad de la mezcla de agua y leche, con sal y canela. Mezcle el resto con la maicena, ¾ taza de azúcar y la calabaza reducida a puré. Añádale la leche caliente y páselo todo dos veces o más por un colador fino. Póngalo a cocinar revolviendo constantemente hasta que espese. Viértalo en un molde bañado con caramelo y déjelo enfriar hasta que cuaje bien antes de desmoldarlo. **Da para 8 raciones.**

Si desea usar la leche fresca en lugar de leche condensada, utilice 3 tazas de leche, suprima el agua y aumente la cantidad de azúcar a 2 tazas. Si usted no tiene maicena, puede hacer sus postres con harina. Aumente al doble la cantidad de harina en relación con la maicena indicada. Esta receta de flan de calabaza, por ejemplo, se hace con 12 cucharadas de harina.

FLAN DE LECHE CONDENSADA

1	lata de leche condensada	¼	cucharadita de sal
1	lata de agua	1	cucharadita de vainilla
5	huevos, ligeramente batidos		

Mezcle la leche condensada con el agua, los huevos batidos, la sal y vainilla. Cuele la mezcla. Viértalo en un molde bañado con caramelo. Cocínela igual que el flan de yogur. **Da para 6 raciones.**

PANETELA BORRACHA CON NATILLA

1	cucharada de vainilla	½	panetela o gaceñiga
3	cucharadas de azúcar	1	receta de natilla
4	cucharadas de vino seco		

Mezcle la vainilla con el azúcar y el vino seco. Déjelo reposar hasta que el azúcar esté completamente desleída en el líquido. Corte la panetela o gaceñiga en pedazos. Mójelos con la mezcla de vino seco y échele por encima la natilla. Sírvala bien fría.

NATILLA

1	litro de leche	1½	tazas de azúcar blanca
1	ramita de canela	4	cucharadas de maicena
1	pedazo de cáscara de limón	¼	taza de agua
¼	cucharadita de sal	1	cucharada de vainilla
8	yemas		

Hierva la leche con la canela, cáscara de limón y sal. Déjela refrescar. Bata las yemas con el azúcar y la maicena disuelta en el agua. Añádale la leche. Cuélelo todo y cocínelo al baño de María o a fuego mediano, revolviendo constantemente hasta que espese. Añádale la vainilla y viértala en la dulcera. Déjela enfriar. Polvoréala con canela o plánchela con azúcar al gusto. **Da para 6 raciones.**

PUDÍN DE MALTA

1	botella o lata de malta	1	cucharadita de sal
½	lata de leche condensada	1	cucharadita de canela molida u otro sabor a su gusto
2	tazas de pan		
3	huevos		

He aquí una receta muy sencilla y sabrosa. Para hacerla, use pan viejo cortado en rebanadas finitas sin quitarle la corteza, córtelo en pedazos y mídalo sin apretarlo mucho dentro de la taza o medida que usted emplee. Mezcle la malta con la leche. Remoje en ella el pan. Añádale los huevos batidos con la sal y la canela u otro sabor. Aplaste el pan con la parte de atrás de la cuchara para que se desbarate, no lo cuele, y viértalo todo en un molde engrasado con manteca, aceite u otra grasa. Cocínelo alrededor de 1 hora en el horno, a 350° F (176° C) o en la cazuela a baño de María hasta que, al probarlo en el centro con un palillo, usted vea que sale seco. (No se sorprenda si crece en el horno y luego se desinfla, así es la receta.)

Para hacerlo en olla de presión póngale 1 taza de agua a la olla y cocínelo en un molde engrasado durante 20 minutos. Déjelo enfriar antes de sacarlo del molde. **Da para 8 raciones.**

PAN DE MIEL Y NARANJA

1/8 libra de mantequilla
1 huevo
1 taza de miel de abeja
2¼ tazas de harina de todos los usos
½ taza de jugo de naranjas
¼ taza de vino seco

2¾ cucharaditas de polvos para hornear
½ cucharadita de sal
1 cucharada de ralladura de naranjas
¾ tazas de nueces picadas

Bata la mantequilla con la miel de abejas, el huevo, jugo y ralladura de naranjas y el vino seco, cierna la harina con la sal y los polvos para hornear, añádale las nueces picadas e incorpore estos ingredientes, poco a poco, a los ya batidos (esto debe hacerlo a mano y revolviendo suavemente), vierta toda la mezcla en un molde de pan engrasado. Hornéelo a

350° F durante aproximadamente 1 hora, hasta que esté dorado y, al introducirle un palito, este salga seco.

BONIATILLO

2	libras de boniatos	1	naranja
4	yemas	2	cucharadas de vino seco
2	libras de azúcar	½	limón
1	cucharada de mantequilla		canela en polvo
2	tazas de agua		

Cocine los boniatos en agua con un poco de sal. Ponga al fuego el agua con el azúcar, jugo de limón, cáscara y jugo de la naranja, cuando rompa el hervor bata los boniatos pelados calientes con el almíbar también caliente. Póngalo todo al fuego de nuevo con la cáscara de naranja hasta que esté ligeramente espeso (revuélvalo para que no se pegue), añada un poco a las yemas e incorpórelo todo al fuego otra vez. Añádale el vino seco y la mantequilla, y déjelo un rato más al fuego, hasta que tome el espesor deseado moviéndolo siempre, viértalo en una fuente o dulcera y polvoréelo de canela.

MAJARETE

12	mazorcas de maíz tierno	1	cucharadita de vainilla
5	tazas de leche	¼	cucharadita de sal
2	tazas de azúcar	1	ramita de canela
1	limón		canela en polvo

Desgrane el maíz y lávelo para quitarle la paja. Bátalo con la mitad de la leche y, cuélelo. Añádale el resto de la leche, azúcar, canela en rama y la cascara de limón. Póngalo al fuego y revuélvalo constantemente hasta que espese. Bájelo del fuego, añádale la vainilla, viértalo en la dulcera o fuente y polvoréelo de canela. Sírvalo bien frío.

HARINA EN DULCE

1 taza de harina de maíz fina
3 tazas de agua
½ cucharadita de sal
1 rama de canela
1 lata de leche condensada
1 taza de agua
¼ taza de azúcar blanca
¼ taza de pasas
2 cucharadas de mantequilla
1 cucharadita de vainilla

Ponga en la olla de presión el agua con la sal y la canela. Cuando el agua rompa el hervor añádale la harina (lavada de antemano si no es de paquete). Tape la olla y cocínela durante 5 minutos. Pasado ese tiempo, enfríe la olla. Ábrala y agregue la leche condensada disuelta en 1 taza de agua, el azúcar, las pasas y la mantequilla. Póngala nuevamente al fuego, moviéndola constantemente hasta que espese (aproximadamente 5 minutos). Añádale la vainilla al bajarla del fuego. Viértala en una dulcera o platicos individuales y polvoréela con canela.

ADEREZO PARA ENSALADA DE FRUTAS

⅔ tazas de azúcar
2 cucharadas de harina
2 huevos
½ taza de agua
½ taza de jugo de naranja
1 cucharada de jugo de limón
1 taza de leche evaporada bien fría

Bata todos los ingredientes, menos la leche evaporada. Póngalos al fuego lento revolviendo hasta que adquiera espesor de crema. Déjelo enfriar. Bata la leche evaporada, añádale la crema anterior bien fría, bátalo todo y sírvalo inmediatamente con frutas frescas variadas polvoreadas de azúcar.

MANZANAS EN TENTACIÓN

2 tazas de polvo de galletas de María	**Salsa**
¼ libra de mantequilla	1 taza de azúcar
1 cucharadita de ralladura de limón	1 taza de agua
	1 cucharada de maicena
1 taza de azúcar	⅛ cucharadita de sal
5 manzanas	⅛ cucharadita de nuez moscada
¾ taza de vino seco	2 cucharadas de mantequilla
1 cucharada de jugo de limón	1½ cucharadas de jugo de limón

Derrita el cuarto de libra de mantequilla y únala a la galleta en polvo. A la taza de azúcar añádale la ralladura y el jugo de limón. Corte las manzanas después de peladas en pedacitos finitos. En un molde engrasado con mantequilla ponga los pedazos de manzana, alternando con capas de las distintas mezclas anteriores. Cúbralo todo con el vino seco y hornéelo a 375° F unos 45 minutos.

Bata todos los ingredientes de la salsa y póngalos al fuego revolviéndolos hasta que tenga espesor de crema.

Sirva las manzanas cubiertas con la salsa de limón.

PUDÍN DE BONIATO

2 libras de boniato	½ cucharadita de canela en polvo
3 tazas de leche	
1 coco seco	3 yemas de huevo
2½ tazas de azúcar	1 cucharadita de vainilla
¼ cucharadita de sal	1 cucharada de vino seco
½ taza de maicena	

Quite la masa al coco y separe solo la parte blanca. Bata la masa de coco con la leche y pásela por un paño fino exprimiéndola bien. Hierva los boniatos pelados y cuando estén blandos, bátalos con la leche y la maicena. Añádales el azúcar, sal y canela en polvo, y póngalo al fuego, revolviéndolo

hasta que tome espesor de crema; vierta un poco de esta mezcla sobre las yemas uniéndolo todo incorpórelo de nuevo al resto y ponga al fuego unos minutos más revolviéndolo constantemente. Al bajarlo del fuego, añádale la vainilla y el vino seco. Viértalo en molde, polvoréelo de azúcar y póngalo al horno bajo para dorarlo unos minutos o plánchelo con una plancha caliente.
Sírvalo bien frío.

PASTEL DE FRESA Y CREMA

Concha
2 tazas de harina de todos los usos
¼ libra de mantequilla
1 cucharadita de sal
1 queso crema de 8 onzas
Relleno
1 paquete de fresas congeladas
1 queso crema de 8 onzas

1½ cucharadas de maicena
¼ taza de leche
1 taza de azúcar
⅛ cucharadita de sal
2 huevos
1 cucharadita de vainilla
Adorno
1 taza de crema de leche al 40%
2 cucharadas de azúcar

Encienda el horno a 425° F.
Prepare primero la concha. Cierna la harina con la sal. Añádale la mantequilla, cortándolo con el estribo hasta que esté como una boronilla, añada después el queso y córtelo con el estribo nuevamente. Únalo todo, extiéndalo con el rodillo, póngalo en un molde de 9 pulgadas de diámetro, haciéndole una orilla rizada alrededor y pinchándola con un tenedor para que no haga bolsas de aire al hornearse. Hornéese a 425° F, aproximadamente 15 minutos.

Después de descongeladas las fresas escúrrales toda el almíbar. Bata el almíbar con la maicena y la mitad del azúcar. Póngalo al fuego revolviéndolo hasta que tome espesor de crema. Déjelo refrescar, añádale las fresas y viértalo todo en la concha de pastel horneada que debe estar ya fresca. Bata el resto del azúcar con los huevos, queso crema, vainilla, leche y sal. Viértalo todo con cuidado en la concha, sobre la mezcla de fresas y hornéelo nuevamente a 350° F aproximadamente 50 minutos. Déjelo enfriar y adórnelo con la crema batida, con el azúcar y algunas fresas si lo desea.

SALCHICHÓN DE CHOCOLATE

¾ taza de pedacitos
    de chocolate semidulce
¼ cucharadita de vainilla

¼ taza de nueces picadas
$1/3$ taza, más 1 cucharada
    de leche condensada

Se pone el chocolate al baño de María sin revolverlo; cuando esté blandito se baja del fuego y se le añade la leche y la vainilla revolviéndolo hasta tener una pasta lisa. Añada las nueces. Envuélvalo en papel parafinado dándole forma de cilindro y póngalo en el congelador hasta que se endurezca. Se sirve cortado en rueditas de 1 centímetro de espesor.

HELADO DE PLÁTANO

1 taza de azúcar
1 lata de leche evaporada
3 cucharadas de leche malteada

½ limón
1 taza de pulpa de plátanos
    (5 o 6 plátanos manzanos)

A la pulpa de plátanos, añádale el jugo de limón (para que no cambie de color), añádale el azúcar, la leche malteada y la leche evaporada bien batida. Póngalo en la gaveta del congelador al punto más frío durante 2 horas.

PASTILLAS DE CHOCOLATE Y MANÍ

1 queso crema de 3 onzas
2 tazas de azúcar en polvo
2 tabletas de chocolate

1 latica de maní
1 cucharada de crema de leche

Ralle el chocolate y fúndalo al baño de María con la crema de leche, añádale el queso crema, el azúcar en polvo cernida y el maní, únalo todo bien, dele forma de cilindro, envuélvalo en papel parafinado o de aluminio y póngalo en el congelador durante un par de horas. Sírvalo cortado en rueditas.

CAKE HELADO DE FRUTAS

½ *libra pastillas de altea*
   (32 pastillas)
1 *queso crema de 8 onzas*
1 *lata grande de ensalada*
   de frutas
½ *taza de nueces picadas*
1 *libra de Pound Cake*
   o una panetela corriente

Se pone al fuego la mitad del almíbar de las frutas con las pastillas de altea; cuando las pastillas estén ya disueltas, se baja del fuego, se le añade el resto del almíbar y se va incorporando poco a poco al queso crema, uniéndolo bien, se le añaden las nueces picadas y las frutas (dejando algunas para el adorno). Se forra un molde alargado (de los que parecen de pan de molde) con papel parafinado por dentro y en el fondo se le ponen pedazos de panetela, se le añade la mitad de la mezcla, se cubre con panetela, se añade el resto de la mezcla y se termina con panetela. Quedan 3 capas de panetela y 2 de crema. Póngalo en el congelador hasta que se endurezca, desmóldelo, quítele el papel y adórnelo con las frutas, y si lo desea con otro queso crema grande batido con 2 cucharadas de azúcar y 1 o 2 cucharadas de leche, esta crema puede colocarla en la manga y adornarlo como desee. **Da 12 raciones.**

   Nota. Este *cake* helado queda más sabroso si se prepara de un día para otro o de la mañana a la noche.

PUDÍN DE CHOCOLATE Y ALTEAS

3	pastillas de chocolate	$1/8$	libra de mantequilla
1	cucharadita de vainilla	¼	cucharadita de sal
3	tazas de leche	3	huevos
6	rebanadas de pan de leche	32	pastillas de altea
¾	taza de azúcar		

Encienda el horno a 350° F.
Bata el chocolate, póngalo al fuego con la leche y cuando rompa el hervor, añada poco a poco los huevos batidos de antemano con el azúcar, sal y vainilla, únalo todo y viértalo sobre las pastillas de altea colocadas en un molde alternando con el pan untado de mantequilla. Hornéelo por 1 hora.
Sírvalo bien frío en el mismo molde, adornado con crema y guindas si lo desea.

PUDÍN DE HIGOS

¼	libra de mantequilla	1	taza de polvo de galletas María
½	cucharadita de canela en polvo	1	taza de harina
½	cucharadita de nuez moscada	1	cucharadita de sal
¾	taza de azúcar	1	libra de higos
¼	cucharadita de clavo molido	1	cucharadita de polvos para hornear
2	huevos		

Cierna la harina con la sal y el polvo para hornear. Bata la mantequilla con el azúcar y cuando esté cremosa añádale los huevos, uno a uno, y la leche, por último añada los ingredientes secos cernidos y los higos picaditos. Viértalo todo en un molde engrasado y cocínelo al baño de María hasta que al introducirle un palillo, este salga seco. En olla de presión se hace con 2 tazas de agua en la olla durante aproximadamente 30 o 40 minutos; el tiempo depende del tamaño y forma del molde.

Método del batido: Bata la mantequilla con la leche, huevos y azúcar, añádale esto a los ingredientes secos y por último añada los higos.

FLAN DE YOGUR

2	*tazas de yogur*	¼	*cucharadita de sal*
1	*taza de azúcar*	1	*cucharadita de vainilla*
6	*huevos*		

Mezcle el yogur con el azúcar, los huevos batidos, la sal y la vainilla. Viértalo en un molde bañado con caramelo. Cocínelo al baño de María en cazuela, en el horno o en la olla de presión, hasta que, al probar con un palillo, este salga seco. El tiempo de cocción depende del tamaño del molde así como del método. Puede calcularse entre 15 y 20 minutos en olla de presión y 1 hora en horno moderado o baño de María tradicional. Déjelo enfriar bien antes de voltearlo. **Da para 6 raciones.**

COCTELERÍA

Si usted desea preparar deliciosos cocteles que hagan famoso su bar... si usted desea que la franca hospitalidad caracterice cualquier reunión suya, ya sea preparada o improvisada... estudie los resultados de la experiencia de varias generaciones en la preparación de tragos apetitosos.

Los paladares que nos han precedido han escogido ya los sabores y bebidas que se mezclan mejor y, por eso, aunque casi siempre que se reúne un grupo de amigos alrededor de un bar surge una nueva mezcla, es posible saber cuáles son los tragos más sabrosos y no resulta muy difícil aprender a preparar varios de ellos con habilidad.

Para preparar deliciosos cocteles lo más importante es conocer esos "secretos" que raramente hallará usted en recetas. Siempre podrá saborear la bebida que desea, como a usted le gusta, en su casa, en el momento oportuno, siguiendo estos consejos:

1) USE EXCLUSIVAMENTE LOS MEJORES INGREDIENTES

Mientras mejores son los ingredientes, más sabroso puede resultar su coctel. Desde luego que el seleccionar los mejores ingredientes depende del paladar propio. Pero si usted no puede personalmente distinguir al primer sorbo dos clases de coñacs, por ejemplo, entonces debe confiar en marcas conocidas. Si el presupuesto se eleva, actúe inteligentemente. Un buen whisky puede servir perfectamente para mezclarlo con otras bebidas, de modo que guarde el whisky de calidad superior para tomarlo solo, en jaibol o en un Old Fashioned. Si usted no puede comprar un buen coñac para servir después de una comida, emplee en su lugar un licor, pero no sirva nunca una bebida de calidad inferior.

2) USE LAS MEDIDAS EXACTAS

Los cantineros profesionales adquieren con la práctica el sentido de la medida a simple vista. Pero no trate usted de imitarlos. Maneje cuidadosamente su medidor, no tan solo para preparar mejor la receta, sino para poder repetirla igual una y otra vez. Recuerde, nada de "poquitos más o menos", eche medidas exactas y una vez que haya encontrado las proporciones que más le agraden, use siempre las mismas.

3) BATA O REVUELVA SEGÚN INDIQUE LA RECETA

El daiquirí se bate, y el presidente y el martini se revuelven. Las bebidas que requieren azúcar, jugos de frutas, huevos, crema, etc. de todas maneras se oscurecen al mezclarse, de modo que se baten para lograr una mezcla mejor de los ingredientes. Los licores puros no se baten, solo se revuelven. Ahora bien, cuando se indique batir una receta, bata, ¡bata de verdad! Y recuerde que la coctelera no debe llenarse con exceso, pues de lo contrario las bebidas se mezclan deficientemente. Las bebidas gaseosas no se baten en la coctelera; se vierten directamente en las copas o jarras, procurando remover la mezcla muy despacio.

4) USE HIELO EN ABUNDANCIA

Los cocteles calientes no son agradables. Cuando vaya a preparar una bebida, use hielo en abundancia, pero recuerde que debe añadir hielo solo, no hielo y agua. El hielo en cubitos o cilindros se usa para las bebidas que hay que revolver o para los jaiboles, y el hielo picado, *frappé*, para las que hay que batir. Siempre que sea posible ponga el licor sobre el hielo, en vez de añadir este al licor servido, y no use el mismo hielo dos veces.

5) ENFRÍE PREVIAMENTE LAS COPAS Y VASOS

Llene con hielo picado las copas en que va a servir el coctel, y déjelas enfriar mientras usted mezcla las bebidas. Cuando termine de preparar el coctel, bote el hielo de las copas y sirva en ellas la bebida. Si lo que va a servir es cerveza, conviene dejar los vasos o jarras en el refrigerador unas cuantas horas antes de usarlos. De esa manera la bebida permanecerá fría, mientras que si contiene hielo, este se derretirá.

6) SIMULTANÉE EL SERVIR CON EL PREPARAR

Sirva los cocteles a medida que los prepara. Ponga las copas en fila o en rueda de manera que sus bordes se toquen, y llénelas hasta la mitad para que en todas, el coctel tenga la misma consistencia y pueda graduar la cantidad que va a echar en cada copa, y en una segunda vuelta acabe de llenarlas. Recuerde no llenar demasiado las copas o vasos para que no se derrame la bebida.

OTRAS ACLARACIONES

Si sigue los consejos anteriores su bar empezará a cobrar fama rápidamente entre sus amistades. Para que pueda preparar mejor las recetas que aparecen en los capítulos siguientes debemos hacer además otras aclaraciones:

Las gotas amargas:

Para mejorar el sabor de algunos cocteles se usan con frecuencia gotas amargas, angostura, Orange bitter, Fernet Branca, etc. Estos amargos deben conservarse en frascos goteros para que pueda echarlos en el coctel con más facilidad. Se echan por golpes. La palabra golpe en términos de bar, designa la acción de volcar el frasco girando rápidamente la mano. Cada chorrito equivale a unas 10 gotas. Por tanto, cada vez que en una receta le indiquen echar un golpe debe dejar caer en la coctelera o vaso un chorrito de gotas amargas.

Los jugos de frutas:

Los jugos de frutas deben extraerse en el momento en que va a preparar el coctel, para que se conserven frescos. Es una mala costumbre prepararlos con anticipación y guardarlos en el refrigerador.

Las frutas:

Las frutas que se usan para adornar los cocteles deben picarse en forma especial. Los limones, por ejemplo, deben cortarse en rueditas finas. A las naranjas se les da primero un corte vertical para dividirlas en dos mitades, después a cada mitad se le hacen cortes verticales para sacar lascas finas y cada lasca se corta a la mitad a fin de obtener un semicírculo.

A la piña debe quitársele la corteza por medio de cortes rectos de arriba abajo, hasta obtener un rectángulo. El objeto es poder sacar después lascas finas y largas como palitos.

Las cortezas de naranja o limón que con frecuencia se echan a los cocteles, deben cortarse con cuidado, sin profundizar, para que no salga más que la corteza. Siempre se retuercen sobre el coctel de manera que la esencia que contiene caiga en él. Después se echa el pedacito de corteza dentro del coctel.

EL BAR

Lo que necesita un bar

La diversidad de artículos que usted puede encontrar para su bar es extraordinaria. Si usted quisiera coleccionarlos todos tendría un *hobby* entretenido y costoso. Pero si quiere saber cuáles son los accesorios básicos, aquellos que hacen falta para preparar sabrosos cocteles, aquí tiene la lista:

UN ABRIDOR Y UN SACACORCHOS. Hay gran variedad de abridores en el mercado. Pero no se deje tentar porque sean muy bonitos y curiosos. Vaya a lo práctico. Si además de cumplir su cometido tiene forma atractiva, tanto mejor. Y con los sacacorchos hay que tener especial cuidado. Necesita un buen sacacorchos.

UN *JIGGER* O MEDIDOR. El juego de *jigger* de cuatro medidas es muy práctico: ¾ de onza (½ *jigger*), 1 onza, 1½ onza (cantidad ideal para los cocteles) y 2 onzas. Claro está que siempre puede servirle su vasito de línea que equivale a 1 onza.

UNA CUCHARA DE MANGO LARGO Y UNA CUCHARA PARA SERVIR AZÚCAR. La cuchara de mango largo le servirá para revolver los cocteles. Y por supuesto que también necesitará una azucarera.

UN CUCHILLO PEQUEÑO Y UN EXPRIMIDOR DE LIMONES. El primero, bien afilado para cortar las frutas. Recuerde que en un coctel el jugo de frutas debe ser siempre fresco.

UNA BUENA COCTELERA. Puede ser de metal o de cristal, pero trate que su coctelera sea práctica, que pueda usted echar el hielo en ella con facilidad y que al servir el coctel este no se derrame. Si quiere puede comprar una de las que tiene una escala graduada o las del tipo profesional.

UN VASO MEZCLADOR. Es necesario para preparar los cocteles que se revuelven. Puede utilizar una de esas jarras que tienen un borde especial que impide que caiga el hielo junto con la bebida al servirla. Pero si prefiere un vaso alto, debe servir el coctel, ajustar a sus bordes un COLADOR de alambre, que también es imprescindible en el bar.

PINCHO O TRITURADOR DE HIELO. Hay varias clases de pinchos para picar el hielo. Los más prácticos son los que tienen varios dientes. Hay unos trituradores de hielo que se fijan a la pared y se manipulan con una manigueta, son muy prácticos. Cualquier viejo sistema como el del saco de lona y el mazo de madera es bueno. Lo importante es que el hielo se pique correctamente. Hoy en día, sin embargo, usted puede adquirir el hielo perfectamente picado.

UN CUBITO PARA EL HIELO. Los hay que son al mismo tiempo termos y conservan mejor el hielo. Necesitará también una TENAZAS para coger los cubitos de hielo y una PALETICA para el hielo *frappé*.

UN PEQUEÑO MAZO DE MADERA. Útil para triturar ciertos ingredientes que llevan algunos cocteles, como el Old Fashioned y el mojito.

CRISTALERÍA. La variedad y número que necesita depende de las bebidas que usted acostumbre a servir. El equipo mínimo es el siguiente:

Copas de coctel. Deben ser de pie alto para que la bebida no se caliente con el calor de la mano.

Vasos de jaibol. Si los compra de 14 onzas le sirven para usarlos también al servir Collins, Juleps y otras bebidas. Los que se usan generalmente en los bares tienen 8 onzas.

Vasos para Old Fashioned. Deben ser de fondo grueso de modo que usted pueda trabajar sobre ellos con el pequeño mazo de madera.

Copas de jerez. Puede servir en ellas también el oporto y otros vinos similares y si no tiene copas especiales puede utilizarlas para el licor.

Copas globets. Se usan para servir el vino, los sours y los *flips.*

Copas de champaña. En ellas no solo puede servir champaña, sino también sidra, ponche y algunos cocteles como el daiquirí.

Una buena provisión de SERVILLETAS, PORTAVASOS de distintos tipos y REMOVEDORES de cristal o material plástico para utilizarlos siempre que se emplee agua de seltz, así como PALILLOS DE COLORES para pinchar las aceitunas, cebollitas o guindas serán también de gran utilidad.

BEBIDAS

No. 1.   Una botella de ron carta blanca
         Una botella de vermut seco
   Con esto puede preparar daiquirí, chaparra, presidente o Cuba libre. Puede servir también el vermut solo o con agua de seltz y un pedacito de limón. Además una "cartica" de ron siempre reanima y reconforta, y en invierno un ponche caliente de ron es delicioso.

No. 2.   Una botella de ginebra
         Una botella de coñac
   Con lo anterior, más una botella de ginebra puede preparar martini. Con ginebra como bebida básica podrá preparar un sinnúmero de cocteles, y con limón y agua de seltz es una bebida refrescante. El coñac puede servirlo solo o en jaibol y en algunos cocteles. Después de las comidas una copita de coñac ayuda a mejorar la digestión.

No. 3.   Una botella de whisky
         Una botella de vermut rojo
         Una botella de Orange bitters (amargo de naranja)
         Una botella de Angostura bitters (amargo)

Con estas bebidas puede preparar Manhattan, Old Fashioned, juleps, jaibol y otras muchas variedades. Con estas tres combinaciones está bien equipado su bar. Pero además, para complacer a todos los gustos añada...

No. 4. Una botella de Dubonnet
Una botella de jerez
Una botella de oporto
Son perfectos aperitivos y puede hacer también deliciosas combinaciones con ellos.

No. 5. Una botella de menta
Una botella de Pernod (anís)
Una botella de Amer Picon (otro famoso amargo)
Una menta *frappé* es deliciosa y siempre da un toque de elegancia a su bar. Puede preparar también un *stinger*. El Pernod, servido solo, da un aire sofisticado a cualquier bar y unas pocas gotas de esta bebida mejoran un martini. El Amer Picon se usa para añadir gotas amargas a algunos cocteles y también se toma con agua y endulzado con granadina u otro sirope.

No. 6. Champaña para las grandes ocasiones, si su presupuesto le alcanza. Si no, brinde sidra. Otros licores como Cointreau, Benedictini, Chartreaux, curaçao, o crema de cacao, deben estar también en su bar, y lo mismo puede utilizarlos para darle más sabor a algunos cocteles que, para servirlos durante ese agradable rato de sobremesa en que ayudan a charlar con más amenidad.

No. 7. Por último, pero no menos importante, siempre se debe tener a mano una buena provisión de cerveza fría, agua mineral, ginger-ale, refresco cola, cerezas al marrasquino, aceitunas y cebollitas, granadina, limones, naranjas, azúcar, nuez moscada y canela en polvo para los ponches y... desde luego, la lista podría ser interminable, pero lo que hemos relacionado anteriormente es casi lo esencial.

COCTELES

La gran variedad de cocteles que los expertos han creado a través de los años es extraordinaria. Pero solo unos pocos merecen año tras año el favor reiterado. Y es que un "buen coctel" tiene que reunir una serie de cualidades, y al planear una receta siempre debemos tenerlas en cuenta. Por ejemplo, un coctel debe estimular el apetito, debe estimular la mente, porque un coctel bien hecho ayuda a los sentidos, rompe el hielo en las reuniones, relaja los nervios. Después de tomarlo, el mundo nos parece un lugar más agradable para vivir. Desde luego, es imprescindible que agrade al paladar más exigente y para eso lo mejor es que el coctel sea seco y suave, y con suficiente cantidad de bebida para que no parezca un jugo de frutas.

Los cocteles que podríamos considerar básicos son cuatro: martini, Manhattan, Old Fashioned y nuestro criollo daiquirí. En este capítulo les brindamos las recetas de estos y otros cocteles no menos deliciosos que les siguen en popularidad. Y para los casos en que usted solo tenga una bebida básica, incluimos varios capítulos dedicados a cocteles preparados con las distintas clases de bebidas.

MARTINI

El más popular de todos los cocteles es el martini. Las recetas de martini varían mucho en cuanto a la proporción de vermut y ginebra. Usted debe graduar las proporciones hasta que encuentre la que guste más a su paladar.

MARTINI SECO I

1 *onza de vermut francés*   5 *onzas de ginebra*

Revuélvalo con hielo picado, cuélelo y sírvalo en copas de coctel adornado con una aceituna o una cebollita.

MARTINI SECO II

½ *onza de vermut seco*   2 *golpes de Orange bitters*
2 *onzas de ginebra*

Revuélvalo con hielo picado y sírvalo en copas de coctel. Retuerza un pedacito de corteza de limón sobre cada coctel y después échela dentro de cada copa.

MARTINI SECO III

1 *onza de vermut seco*   2 *onzas de ginebra*

Revuélvalo con hielo picado hasta que se enfríe bien. Sírvalo en copas de coctel y adórnelo con una aceituna o una cebollita. Retuerza un pedacito de corteza de limón y échela dentro de cada copa.

MARTINI SEMISECO

½ *onza de vermut seco*   2 *onzas de ginebra*
½ *onza de vermut rojo*

Revuélvalo con hielo picado y sírvalo en copas de coctel. Adórnelo con una aceituna.

Si lo desea puede añadir a este coctel unas gotas de Orange bitters y otras de angostura.

MARTINI DULCE

1½ *onza de vermut rojo*   2 *golpes de Orange bitters*
1½ *onza de ginebra*

Revuélvalo con hielo picado y sírvalo en copas de coctel. Puede sustituir la aceituna por una cereza marrasquino.

Variaciones: Unas gotas de Pernod u otro ajenjo dan mejor sabor a un martini seco; pero cuando le eche Pernod a un martini recuerde sustituir siempre la aceituna por una cebollita.

También puede echarle a su martini unas gotas de Benedictino, marrasquino, crema de menta o una corteza de naranja.

MANHATTAN

El Manhattan sigue al martini en popularidad en el mundo entero. Hay también de este coctel varias recetas que varían en la proporción de whisky y *vermut*.

Puede usar el whisky de su preferencia.

MANHATTAN SECO

2 *onzas de whisky*   2 *golpes de angostura*
1 *onza de vermut seco*

Revuélvalo con hielo picado y sírvalo en copa de coctel. No lo adorne con cereza ni aceituna.

MANHATTAN SEMISECO

2½ onzas de whisky   ½ onza de vermut rojo

Revuélvalo con hielo picado y sírvalo en copas de coctel. Adórnelo con una guinda o con un pedacito de corteza retorcida de limón.

MANHATTAN

1 onza de Dubonnet   2 onzas de Orange bitters
2 onzas de whisky

Revuélvalo con varios cubitos de hielo. Eche una corteza de limón y siga revolviendo. Sírvalo en copas de coctel y si lo desea adórnelo con una guinda.

MANHATTAN I

1 onza de vermut rojo   1 golpe de angostura
2 onzas de whisky

Revuélvalo con varios cubitos de hielo y sírvalo en copas de coctel. Adórnelo con una cereza al marrasquino y no olvide ensartar la cereza con un palillo.

Variaciones: Puede preparar también el Manhattan sustituyendo el whisky por otras bebidas como ron y coñac.

OLD FASHIONED

Este coctel, no tiene tanta popularidad como los anteriores, pero es realmente delicioso. Al prepararlo la única dificultad es la de disolver el azúcar, por lo que muchos cantineros prefieren usar jarabe simple para endulzarlo. Algunos discuten si este coctel debe llevar o no frutas, porque piensan que las frutas pueden interferir el sabor del Old Fashioned.

Nada más lejos de la verdad. El sabor de las frutas y la bebida se mezclan perfectamente. Sin embargo, cuando usted va a servir este coctel antes de una comida es mejor adornarlo solo con un pedacito de corteza de limón y una rodajita de naranja.
Siempre debe recordar que este coctel se prepara y se sirve en un vaso especial de Old Fashioned de los que tienen el fondo grueso.

OLD FASHIONED

En un vaso de fondo grueso eche:

1 *cucharadita de azúcar*
2 *golpes de angostura*

1 *cucharadita de agua*
2 *onzas de whisky*

Maje el azúcar con un mazo de madera y revuelva bien el azúcar y la angostura.
Eche 2 cubitos de hielo y 2 onzas de whisky. Revuélvalo y adórnelo con una cereza, una rodajita de naranja, una de piña y un pedacito de corteza de limón.
Sírvalo con pajita o con una cuchara especial de Old Fashioned.

OLD FASHIONED II

Exprima la corteza de un limón en un vaso de Old Fashioned y eche:

1 *cucharadita de azúcar*
½ *cucharadita de curaçao*

2 *onzas de whisky*
2 *cubitos de hielo*

Revuélvalo y adórnelo con frutas: guindas, naranjas y piña.
Variaciones: Puede hacer el Old Fashioned sustituyendo el whisky por ginebra, coñac, añejo o carta oro. Si usa

ginebra o añejo eche junto con la angostura o en lugar de ella unas gotas de Orange bitters.

DAIQUIRÍ

El daiquirí es netamente cubano. Nacido en Oriente, cuna del ron, se popularizó en los primeros años del siglo xx. Es un coctel realmente difícil de mejorar: es seco y suave. Hay una receta de daiquirí que podemos considerar básica, de ella han surgido muchas variaciones.

DAIQUIRÍ

½ *onza de jugo de limón*
½ *cucharadita de azúcar*

1½ *onza de ron carta blanca*
hielo picadito

Disuelva el azúcar en el jugo de limón, eche el hielo y el ron, bátalo bien y sírvalo en copas de coctel tipo flauta, copetines o en copas de champaña.

DAIQUIRÍ I

½ *onza de jugo de limón*
1 *cucharadita de jugo de naranja.*
1 *cucharadita de azúcar*

2 *gotas de curaçao*
2 *onzas de ron carta blanca*
hielo picado

Disuelva el azúcar en el jugo de frutas, agregue el curaçao, el hielo y, por último, el ron. Bátalo bien, cuélelo y sírvalo en copas como el anterior.

DAIQUIRÍ II

1 *cucharadita de azúcar*
½ *onza de jugo de limón*
1 *cucharadita de jugo de toronja*

1 *cucharadita de marrasquino*
2 *onzas de ron carta blanca*
hielo frappé

Disuelva el azúcar en el jugo de frutas, agregue el hielo, por último el marrasquino y el ron. Bátalo bien y sírvalo en copas de champaña. Este es el daiquirí que preparaban en el famoso Floridita.

DAIQUIRÍ III

½ onza de jugo de limón
1 cucharadita de azúcar
1 cucharadita de marrasquino
1 cucharadita de granadina
2 onzas de ron carta blanca

Disuelva el azúcar en el jugo de limón, agregue el hielo y después la granadina, el marrasquino y el ron. Bátalo bien y sírvalo en copas de champaña.

Nota: Para que el daiquirí quede *frappé* como si fuera helado, tiene que batirlo eléctricamente y al prepararlo echar hielo hasta cubrir todo el líquido.

PRESIDENTE I

1½ onza de vermut rojo
1½ onza de ron carta blanca

Revuélvalo con varios cubitos de hielo y sírvalo en copas de coctel. Retuerza un pedacito de corteza de naranja sobre cada coctel y échelo en la copa. Adórnelo con una guinda.

PRESIDENTE II

1½ onza de vermut rojo
1½ onza de ron carta blanca
gotas de Orange bitters

Revuélvalo con varios cubitos de hielo, sírvalo en copas de coctel y retuerza un pedacito de naranja sobre cada coctel y échelo en la copa. Adórnelo también con una guinda.

PRESIDENTE III

1 onza de vermut seco
2 onzas de ron carta oro

gotas de granadina

Revuélvalo con varios cubitos de hielo picado, sírvalo en copas de coctel. Retuerza un pedacito de corteza de naranja sobre cada copa. Adórnelo con una guinda.

PRESIDENTE IV

½ onza de vermut
blanco dulce

1½ onza de ron carta blanca
½ cucharadita de curaçao

Revuélvase con varios cubitos de hielo hasta que se enfríe bien, cuélese en copa de coctel. Sírvase con una guinda y una corteza de naranja.

PRESIDENTE SECO

1½ onza de vermut seco
1½ onza de ron carta blanca

gotas de Orange bitters

Revuélvalo con varios cubitos de hielo, sírvalo en copas de coctel. Retuerza un pedacito de corteza de naranja sobre cada coctel y échelo en la copa.

BRONX

1 onza de ginebra
¼ onza de vermut francés

¼ onza de vermut rojo
1 golpe de jugo de naranja

Bátalo bien con hielo picado y sírvalo en copas de coctel.

BRONX I

½ onza de jugo de naranja ½ onza de vermut francés
½ onza de vermut rojo 1 onza de ginebra

Bátalo bien con el hielo picado y sírvalo bien frío en copas de coctel. Si lo desea puede retorcer un pedacito de cáscara de naranja sobre cada copa y echárselo al coctel.

BRONX II

¼ onza de jugo de piña 1½ onza de ginebra
¼ onza de vermut rojo

Bátalo bien con hielo picado y sírvalo en copas de coctel.

DUBONNET

1½ onza de ginebra ½ cucharadita de curaçao
1½ onza de Dubonnet

Revuélvalo con varios cubitos de hielo hasta que se enfríe bien y sírvalo en copas de coctel. Adórnelo con una cascarita de limón.

MOJITO CRIOLLO

En un vaso de 8 onzas eche:

3 ramitas de hierbabuena 2 golpes de angostura
½ onza de limón 2 onzas de ron carata blanca
1 cucharadita de azúcar una rueda de limón

Agítese bien con la cuchara para que la hierbabuena suelte el jugo, agregue 2 trozos de hielo y 2 onzas de ron carta blanca. Termine de llenar el vaso con agua mineral bien fría.

SOUR

½ cucharadita de azúcar
1 onza de jugo de limón

2 onzas de ginebra

Si lo desea puede echarle un golpe de Orange bitters. Sírvalo en vaso de 5 onzas con una lasca de piña.

ALEXANDER

1 onza de crema de cacao
1 onza de crema de leche

1 onza de ginebra seca

Bátalo con hielo picado y sírvalo en copa de coctel. Puede usar leche evaporada.

COCTEL DE CHAMPAÑA

1 terrón de azúcar,
   saturado con gotas amargas

1 cubito de hielo

Eche primero en la copa el azúcar y el hielo. Luego, llene la copa de champaña bien frío.
Retuerza un pedacito de corteza de limón.

SIDE CAR

½ onza de jugo de limón.
½ onza de Triple Sec

1 onza de coñac

Bátalo con hielo picado y cuélelo en copa de coctel.

STINGER

1½ onza de crema de menta

1½ onza de coñac

Bátalo con hielo picado y cuélelo en copa de coctel.

SOL Y SOMBRA

2 onzas de anís 3 golpes de Angostura bitters

Bátalo bien con hielo *frappé*. Sírvalo en copa de coctel.

COLONIAL

En un vaso grueso antiguo eche:

2 trocitos de hielo
1 golpe de Amer Picon
1 golpe de curaçao
1 golpe de angostura
1 pedacito de corteza de limón
1 onza de vermut rojo

Se revuelve bien y se sirve adornado de hierbabuena. Puede adornarlo además con naranja, piña y guinda.

RON

COCTELES
a base de ron

SANTIAGO

½ onza de jugo de limón
½ cucharadita de azúcar
2 onzas de ron carta blanca
1 golpe de curaçao rojo

Se bate bien con hielo *frappé* y se sirve en copas de coctel.

MULATA

½ onza de jugo de limón
½ cucharadita de azúcar
1 onza de ron carta blanca
1 onza de elíxir de ciruelas

Disuelva el azúcar en el jugo de limón, agregue la bebida y cúbrala con hielo picado, bátalo bien y sírvalo en copas de coctel.

RON OLD FASHIONED

1 cucharadita de azúcar
3 golpes de angostura
1 cucharadita de agua
2 cubitos de hielo
2 onzas de ron añejo o carta oro
1 guinda
1 rodajita de naranja y piña
1 pedacito de corteza de limón

En un vaso Old Fashioned antiguo eche el azúcar, la angostura y el agua, maje el azúcar con un mazo de madera y revuelva para que se disuelva.

Agregue el hielo y el ron. Revuélvalo y adórnelo con la guinda, las rodajitas de naranja y de piña, y el pedacito de corteza de limón. Sírvalo con una pajita o con una cuchara especial de Old Fashioned.

RON DUBONNET

1½ *onza de ron carta blanca*   ½ *cucharadita de curaçao*
1½ *onza de Dubonnet*

Se revuelve con varios cubitos de hielo y se sirve bien frío en copas de coctel.

ESTRELLITA

½ *onza de miel de abeja*   2 *onzas de ron carta blanca*
½ *onza de jugo de limón*

Mézclelo bien todo, añada el hielo y bátalo en su licuadora. Sírvalo en copas de coctel.

TIGRE VOLADOR

2 *golpes de Angostura bitters*   ½ *onza de ginebra*
1 *golpe de granadina*   1½ *onza de ron carta oro*

Bátalo bien con hielo en la licuadora, sírvalo en copas de coctel.

TIGRE VOLADOR I

½ *onza de jugo de limón*   ½ *onza de ginebra*
½ *cucharadita de azúcar*   1½ *onza de ron carta oro*

Se bate bien con hielo *frappé* y se sirve en copas de coctel.

CHAPARRA

1½ onza de vermut rojo   1½ onza de ron carta blanca

Se revuelve con 3 trozos de hielo y una cascarita de limón dentro del vaso de composición. Sírvalo bien frío.

REINA

1½ onza de ron carta oro   ¾ onza de Grand Marnier

Revuélvalo con varios cubitos de hielo y sírvalo en copas de coctel.

TELEVITO

½ onza de jugo de naranja   1 onza de ron carta blanca
½ onza de vermut rojo

Bátalo bien con hielo picado en la licuadora, cuélelo en copas de coctel.

OBSERVADOR

1 cucharadita de granadina   2 golpes de Apricot Brandy
2 golpes de curaçao   2 onzas de ron carta oro

Bátalo bien con hielo picado.

TALLYHO

1 golpe de limón   1 onza de Sloe Gin
1 golpe de granadina   1 onza de ron añejo
1 golpe de Triple Sec

Bátalo bien con hielo picado en licuadora, sírvalo *frappé*.

HEMINGWAY ESPECIAL

½ onza de jugo de limón
1 cucharadita de marrasquino

1 cucharadita de jugo de toronja
2 onzas de ron carta blanca

Se bate con hielo picado en licuadora, se sirve en copas de coctel.

ISLA DE PINOS

½ onza de jugo de toronja
½ cucharadita de azúcar

2 onzas de ron carta oro

Se revuelve con varios cubitos de hielo y se sirve bien frío en copas de coctel.

AÑO VIEJO

1 cucharadita de azúcar
½ onza de jugo de limón

2 onzas de ron carta blanca
1 ramita de hierbabuena

Disuelva el azúcar en el jugo de limón, agréguele la hierbabuena, el hielo y el ron, y bátalo bien en su licuadora.

DAIQUIRÍ MAMBÍ

En un jarra eche tantas cucharaditas de azúcar como cocteles quiera preparar. Agregue ½ onza de jugo de limón y 1½ onza de ron carta blanca para cada coctel. Eche varios cubitos de hielo y revuelva bien con una cuchara de mango largo o con un cucharón. Cuando esté bien frío, sírvalo en copas de coctel o de champaña.

ARANGO

¾ *onza de ginebra*
¾ *onza de ron carta blanca*
¾ *onza de jugo de naranja*
¼ *onza de granadina*
¼ *onza de Apricot*

Bátase bien con hielo *frappé* y sírvase en copas de coctel.

MARAGATO ESPECIAL

½ *onza de jugo de limón*
1 *golpe de marrasquino*
½ *onza de jugo de naranja*
½ *onza de vermut francés*
½ *onza de vermut rojo*
½ *onza de ron carta oro*

Bátase bien con hielo picado, cuélese y sírvase en copas de coctel.

COCTEL NACIONAL

½ *onza de jugo de piña*
½ *onza de Apricot Brandy*
2 *onzas de ron carta oro*

Bátalo bien con hielo picado y sírvase en copas altas. Adórnelo con una lasca de piña y 1 guinda.

BLOSSOM

1 *onza de jugo de naranja*
2 *onzas de ron carta blanca*
½ *cucharadita de granadina*

Bátalo bien con hielo picado en la licuadora y sírvalo en copas de coctel.

MARY PICKFORD

1 *onza de jugo de piña*
2 *onzas de ron carta blanca*
½ *cucharadita de granadina*

Bátalo bien con hielo picado en la licuadora y sírvalo en copas altas.

CHAPARRA

(Como lo preparaban en el restaurante Carmelo)
Maje bien las cáscaras de 6 o 7 limones, échelas en un galón y agréguele:

1 botella de ron carta blanca
½ botella de vermut rojo

½ botella de Nolly Prat

Ponga el galón en el refrigerador y sírvalo después de 24 horas. Puede tenerlo varios días en el refrigerador.

COCTEL ORO

1½ onza de ron carta oro
1 onza de vermut blanco

2 golpes de Amer Picon

Revuélvalo con varios cubitos de hielo y sírvalo bien frío en copas de coctel.

GINEBRA

COCTELES
a base de ginebra

COCTEL MIRAMAR

¾ onza de Dubonnet
¾ onza de vermut seco
1½ onza de ginebra
1 golpe de angostura

Se revuelve con hielo y se sirve en copas de coctel. Retuérzale un pedacito de naranja y échelo en cada copa.

FORESTIER

1 onza de crema de cacao
1 onza de ginebra
1 onza de leche fresca
¼ onza de Cointreau

Se bate bien con hielo picado y se cuela en cada copa de coctel.

JAI-ALAI

En un vaso de 6 onzas eche:

1 ramita de hierbabuena	1 cascarita de limón exprimida
1 cucharadita de azúcar	2 gotas de Amer Picon

Májelo todo bien y llene el vaso con hielo picado y eche:

1 onza de ginebra	1 onza de vermut

Termine de llenar el vaso con agua mineral efervescente bien fría.

WHITE LADY

½ onza de jugo de toronja	1½ onza de ginebra
½ onza de Cointreau	

Bátalo con hielo picado y sírvalo en copas de coctel.

FUEGO

1 onza de ginebra	1 onza de ajenjo
1 onza de whisky escocés	

Revuélvalo con varios cubitos de hielo y sírvalo en copas de coctel.

PINK LADY

½ onza de jugo de limón	1 onza de ginebra
½ onza de granadina	1 onza de Apple Brandy
¾ onza de crema de leche	

Bátalo bien con hielo picado y cuélelo en copa de coctel.

SOLDADO DE CHOCOLATE

½ onza de Dubonnet
1½ onza de ginebra

1 cucharadita de jugo de limón

Revuélvalo con hielo picado y sírvalo en copas de coctel.

DEACON

1½ onza de jugo de toronja
⅓ cucharadita de azúcar
en polvo

¾ onza de ginebra
¾ onza de ginebra seca

Bátalo bien con hielo picado y sírvalo en copas de coctel.

ROSE

½ onza de Grand Marnier

1½ onza de ginebra

Revuélvalo con varios cubitos de hielo y sírvalo en copas de coctel.

TUXEDO

½ onza de jerez seco
1½ onza de ginebra

1 golpe de Orange bitters

Se revuelve con varios cubitos de hielo y se sirve bien frío en copas de coctel. Si lo desea, adórnelo con 1 aceituna.

GIN COCTEL

En un vaso grueso antiguo eche:

2 cubitos de hielo
2 onzas de ginebra

3 o 4 golpes de angostura

Revuélvalo y retuerza un pedacito de corteza de limón sobre el vaso y échela dentro. Puede agregarle también unas gotas de curaçao.

CLOVER CLUB

| 1 cucharadita de granadina | 1 clara de huevo |
| ½ onza de jugo de limón | 1½ onza de ginebra |

Bátalo bien con hielo picado y sírvalo en copas altas o de champaña.

HAWAII

| 1 onza de jugo de piña | ½ clara de huevo |
| 1 golpe de Orange bitters | 1½ onza de ginebra |

Bátalo bien con hielo picado y sírvalo en copas de coctel.

ORANGE BLOSSOM

1 onza de jugo de naranja   1 onza de jugo de ginebra

Se bate bien con hielo picado y se sirve bien frío en copas de coctel.

DAYSI

| ½ onza de jugo de limón | 2 cucharaditas de granadina |
| ½ onza de jugo de naranja | 1½ onza de ginebra |

Bátalo bien y sírvalo en una copa goblet o un vaso delmónico lleno de hielo picado. Adórnelo con frutas (naranja, piña, limón y guinda) y termine de llenar la copa o vaso con agua mineral efervescente.

COÑAC

COCTELES
a base de coñac

ROLLS ROYCE

½ onza de jugo de naranja   ½ onza de coñac
½ onza de Cointreau

Bátalo bien con hielo picado y sírvalo bien frío en copas de coctel.

MÉNDEZ VIGO

½ onza de jugo de limón   1½ onza de coñac
1 cucharadita de azúcar

Se bate bien con hielo picado y se sirve en copas de coctel.

INTERNACIONAL

¼ onza de Cherry Brandy   1 onza de coñac
½ onza de vermut rojo   1 golpe de Orange bitters

Bátalo bien con hielo picado y sírvalo en copa de coctel con 1 guinda.

ULTRA

2 golpes de angostura
2 golpes de curaçao
¼ onza de jugo de limón

1½ onza de coñac
½ onza de vermut

Bátase bien con hielo picado y sírvalo en copas de coctel.

LOINAZ

1 onza de coñac
1 onza de vermut rojo

1 cucharadita de curaçao

Revuélvalo con varios cubitos de hielo y sírvalo bien frío en copas de coctel.

COÑAC SOUR

½ onza de jugo de limón
 (al gusto)
1 cucharadita de azúcar

1½ onza de coñac
2 golpes de angostura

Bátalo bien con hielo picado y sírvalo en copas de coctel.

INDIA

½ onza de jugo de piña
½ onza de curaçao de naranja

3 golpes de Angostura bitters
1½ onza de coñac

Bátalo bien con hielo picado.

PANAMÁ

¾ onza de crema de leche
¾ onza de crema de cacao

1½ onza de coñac

Bátalo bien con hielo picado y sírvalo en copas de coctel.

STINGER

Llene una copa de coctel de hielo *frappé*. Échele a la mitad de la copa coñac. Termine de llenar la copa con menta blanca. Eche primero el coñac y luego la menta blanca para que se liguen los dos. Sírvalo con dos pajitas.

COÑAC SMASH

En un vaso grueso antiguo maje 4 ramitas de hierbabuena con 1 cucharadita de azúcar, añada 1 cucharada de agua mineral y llene el vaso de hielo picado. Agregue ½ onza de coñac. Adórnelo con una ramita de hierbabuena.

BRANT

| 2 | golpes de angostura | 2 | onzas de coñac |
| ½ | onza de crema de menta blanca | 1 | pedacito de corteza de limón |

Revuélvalo bien con hielo picado y sírvalo en copas de coctel.

CALEDONIA

½	onza de crema de cacao	1	yema de huevo
½	onza de coñac	1	golpe de angostura
½	onza de leche	1	pedacito de corteza de limón

Bátalo bien con hielo *frappé* y sírvalo en copa de coctel tipo flauta. Polvoréelo con canela al servirlo.

BRANDY COCTEL

1½ *onza de coñac* 1 *golpe de Orange bitters*
1½ *onza de vermut francés*

Revuélvalo bien con varios trozos de hielo y sírvalo en copas de coctel.

APERITIVOS

Además de los cocteles que se toman como aperitivos, existen vinos que se llaman aperitivos. La costumbre es tomarlos solos, con agua mineral o mezclados con otras bebidas en deliciosos cocteles. En Cuba nos gusta tomar siempre estos aperitivos bien fríos y con frecuencia los servimos con hielo picado. En Europa se toman a la temperatura ambiente.

Francia, Italia, España y Portugal producen los cuatro aperitivos más famosos del mundo: Dubonnet, vermut, jerez y oporto.

DUBONNET

Este delicioso aperitivo francés está elaborado con excelentes vinos y plantas aromáticas cuidadosamente seleccionadas y es uno de los mejores estimulantes del apetito. Desde hace 160 años, la familia Dubonnet elabora este aperitivo con las mismas características de buqué y pureza, y con el mismo cuidado que garantiza la existencia de los vinos franceses.

Puede servir el Dubonnet bien frío, sin echarle hielo dentro, en copa de 2 onzas o en copa de coctel. También resulta muy sabroso si usted llena una copa de coctel o un vasito de 4 onzas de hielo *frappé* y le echa Dubonnet y un pedacito de corteza de limón. Muy usado es también el Dubonnet para hacer cocteles. A continuación, algunos muy sabrosos:

DUBONNET JEREZ

1½ *onza de Dubonnet*   2 *golpes de angostura*
1½ *onza de jerez seco*

Se revuelve con hielo y se sirve bien frío en copas de coctel.

DUBONNET SAFARI

¼ *onza de jugo de limón*   2 *onzas de Dubonnet*
1 *onza de crema de menta*   2 *golpes de Orange bitter*

Se revuelve con hielo y se sirve bien frío en copas de coctel.

PIERROT

1 *onza de ajenjo*   1 *onza de crema de cacao*
1 *onza de Dubonnet*

Se bate bien con hielo *frappé* y se sirve bien frío.

ROSE

½ *onza de vermut francés*   2 *onzas de ginebra*
½ *onza de Dubonnet*   1 *cucharadita de granadina*

Revuélvalo con hielo y sírvalo en copa de coctel. Adórnelo con 1 guinda y un pedacito de corteza de limón retorcido.

VERMUT

El vermut es uno de estos vinos aromáticos que más éxito ha alcanzado en el mundo entero. Se produce en Italia y en Francia. El vermut italiano se originó en el Piamonte. Los espléndidos vinos de esta región y la variedad y gran calidad de las hierbas aromáticas de sus montañas, los Alpes, contribuyeron a ello. Hay tres clases de vermuts italianos: el más popular de todos es el vermut rojo, que es dulce. Hay también vermut blanco que es más dulce que el anterior y el vermut seco. El vermut francés se elabora con vinos blancos y una gran variedad de plantas aromáticas. Es seco y de color pálido. A su largo proceso de añejamiento se debe en gran medida su característico sabor.

VERMUT Y SODA

En un vaso de 6 onzas eche:

3 onzas de vermut rojo   2 cubitos de hielo

Termine de llenar el vaso con agua de seltz.

AMERICANO

3 onzas de vermut rojo   2 cubos de hielo
1 golpe de Angostura bitter   agua de seltz
1 pedacito de corteza de limón

Se prepara y se sirve en un vaso de 6 onzas.

VERMUT CASSIS

3   onzas de vermut francés   agua de seltz
½ onza de crema de cassis

Sírvalo con hielo en un vaso de 6 onzas.

CONTINENTAL

1½ onza de vermut francés   ½ onza de vermut rojo

Enfríelo bien y sírvalo en una copa de coctel adornado con un pedacito de corteza de limón retorcido.

JEREZ

Los vinos de jerez que se producen en esta región, al sur de España, tienen un largo proceso de elaboración. Los cuatro tipos de jerez más característicos son: fino, amontillado, oloroso seco y abocado.

El primero es de color pálido y de sabor muy seco; el amontillado es algo más oscuro e igualmente seco. El oloroso es de color rojizo y, a pesar de ser seco, deja un gusto algo dulce en el paladar. El abocado es más oscuro que el anterior y ligeramente dulce.

Entre los buenos catadores jerezanos es costumbre tomar la primera copa de un vino abocado o de un oloroso para continuar con un amontillado o fino.

De una región vecina a Jerez es la manzanilla, un vino muy oloroso, seco, pálido y algo más ligero que los vinos finos de Jerez.

Estos vinos suelen servirse bien fríos. Pero no eche hielo nunca en la copa en que va a servirlos. Enfríe previamente las botellas, rodeándolas de hielo o guardándolas por 2 horas en el refrigerador. Sírvalo siempre en copas de 2 onzas. Los vinos finos y amontillados suelen usarse también en cocteles, resulta delicioso por ejemplo, la mezcla de ron carta blanca y un jerez fino o manzanilla a partes iguales.

OPORTO

El vino de oporto es un vino generoso producido en Portugal y toma su nombre de la ciudad de Oporto, donde se prepara y exporta. La clase de este vino depende en gran parte de la región donde se produce y de las castas que entran en su elaboración. Se distingue por su aroma, cuerpo, sabor y coloración. El origen y excelencia de los vinos exportados de esta región está garantizado por una ley del gobierno de Portugal.

El oporto se sirve generalmente a la temperatura ambiente y con él se prepara también uno de los más conocidos cocteles: el Porto Flip, he aquí la receta.

PORTO FLIP

1 *yema de huevo*
1 *cucharada de azúcar*

2 *onzas de oporto*

Bátase bien con hielo picado y sírvase en copa de coctel. Si lo desea polvoréelo con canela.

CORDIALES

Después de las comidas una copita de licor o un *plus* no solo es delicioso, sino que ayuda a la digestión y prepara el paladar para otras bebidas. Muchas personas gustan de tomar después de una buena comida una copita de coñac, otras se deciden por una crema de menta o por un Cointreau. En realidad hay una gran cantidad de licores cordiales y cada país tiene el suyo preferido. En Cuba tenemos un elíxir, a base de ciruelas. La crema de cacao, Apricot, el Triple Sec y el Anisette, Grand Marnier y Benedictino, se encuentran también entre los más populares.

Hay sabrosísimas combinaciones de estos licores para servirlas como plus. He aquí algunas de las más sabrosas:

B & B

Mitad coñac. Mitad Benedictino. Mézclelos y sírvalo en copitas de *plus*.

DONCELLITA

En una copita de *plus* eche crema de cacao hasta la mitad de la copa. Termine de llenarla con crema de leche. Eche la crema de leche despacio para que no se mezcle con la crema de cacao. Atraviese una guinda con un palito y colóquela en los bordes de la copa.

CUBANITA

En una copita de *plus* eche elíxir de ciruelas hasta la mitad de la copa. Termine de llenarla con crema de leche. Eche la crema de leche despacio para que no se mezcle con el elíxir. Atraviese una guinda con un palito y colóquela en los bordes de la copa.

POUSSE-CAFÉ

Los Pousse-Café son combinaciones de licores de diferentes colores, que se echan en las copitas con mucho cuidado para que no se mezclen. Usted puede escoger para hacerlos de los licores que prefiera, solo debe tener en cuenta el orden en que los va a echar en la copa. Aquí tiene una combinación de siete bebidas de colores diferentes:

$1/7$ Granadina (rojo)
$1/7$ Crema de cacao (carmelita)
$1/7$ Marrasquino (blanco)
$1/7$ Curaçao de naranja (anaranjado)
$1/7$ Crema de menta (verde)
$1/7$ Parfait Amour (violeta)
$1/7$ Coñac (ámbar)

TRAGOS LARGOS

JAIBOL

En casi todos los bares sirven los jaiboles en vasos de 6 u 8 onzas; pero en su casa es preferible que utilice vasos de 10 a 12 onzas de los que tienen el fondo grueso. El jaibol no es más que hielo, bebida (whisky, coñac o ron) con agua mineral o ginger ale. Al preparar un jaibol eche primero el hielo (1 o 2 trozos), la bebida preferida (aproximadamente 1½ onza) y termine de llenar el vaso con agua mineral o el ginger ale que deben estar bien fríos.

No use nunca removedores de metal, ni cucharitas para revolverlo. Los únicos removedores que se pueden usar en un jaibol son los de cristal o plástico. Y sírvalo inmediatamente después de prepararlo.

Si tiene en su casa varios invitados es conveniente que prepare los jaiboles de varias clases (añejo y ginger ale, whisky y soda, coñac y agua mineral) y los coloque en una bandeja para que cada persona pueda escoger el que le guste.

MINT JULEP

Para preparar un Mint Julep, la bebida clásica de Virginia y Kentucky, tenga en cuenta lo siguiente:
Use vasos de 12 o 14 onzas que hayan estado varias horas en el refrigerador. Los vasos de metal son mejores.
Utilice hielo picado muy fino y bótele toda el agua antes de echarlo en el vaso.
Emplee hojitas frescas de menta o hierbabuena. Se prefieren las más tiernas.
Mientras prepara el Mint Julep toque el vaso lo menos posible.
Después de prepararlo coloque el vaso en el congelador o en una vasija, rodeado de hielo y donde el agua de este pueda drenar. Apriete el hielo al vaso para que se pegue.

MINT JULEP

En un vaso de 14 onzas disuelva 1 cucharadita de azúcar en 2 de agua. Eche 2 o 3 ramitas de menta o hierbabuena. Llene el vaso con hielo fino, agregue 3 onzas de whisky y revuelva. Rellene el vaso con hielo fino. Adórnelo con una ramita de hierbabuena y déjelo rodeado de hielo unos 5 minutos antes de servirlo.

MINT JULEP I

En un vaso de 12 onzas eche 5 o 6 hojitas tiernas de hierbabuena. Añada 1 cucharadita de azúcar y májelas bien con un pequeño mazo de madera, para que la hierbabuena suelte el extracto. Llene el vaso con hielo fino y agregue 2 onzas de whisky, revuelva y rellene nuevamente con hielo fino sobre el que haya frotado unas ramitas de hierbabuena. Deje el vaso rodeado de hielo unos 5 minutos antes de servirlo.

COLLINS

En un vaso de 12 onzas eche:

1 o ½ onza de jugo de limón
1 cucharadita de azúcar

Disuelva bien el azúcar con el limón y agregue 2 o 3 cubitos de hielo, eche 1½ onza de bebida (whisky, coñac, ginebra o ron) y termine de llenar el vaso con agua mineral efervescente. Revuelva con un removedor de cristal y si lo desea puede adornarlo con una guinda y una lasca de naranja.

COOLER

Corte en espiral la cáscara de un limón y colóquela en el fondo de un vaso de 10 onzas. Agregue 3 o 4 cubitos de hielo y 2½ onzas de whisky escocés. Llene el vaso con agua mineral efervescente. Revuélvalo ligeramente y sírvalo.

SLING

En un vaso de 10 onzas, eche 1 cucharadita de azúcar, 2 o 3 cubitos de hielo y 2 onzas de la bebida que prefiera (whisky, ginebra, coñac o ron).
Revuelva y llene el vaso con agua mineral efervescente. Si lo desea adorne el vaso con un pedacito de corteza de naranja o limón.

SANGRÍA

En un vaso de 14 onzas eche:

1½ onza de jugo de limón
1 cucharadita de azúcar
4 onzas de gaseosa

Agregue 2 o 3 cubitos de hielo y llene el vaso con vino rojo de mesa. Revuelva y adórnelo con una guinda y una ruedita de limón.

SMASH

1 cucharadita de azúcar
1 onza de agua

2 o 3 ramitas de hierbabuena

Si lo desea puede agregar un golpe de Angostura u Orange bitter. Maje bien la hierbabuena con el azúcar. Añada el hielo picado y 1½ o 2 onzas de la bebida que desee (whisky, coñac, ginebra o ron). Bata bien y cuélelo en un vaso Delmónico o en una copa alta. Puede adornarlo con frutas (naranja, limón, guinda y piña).

PONCHE DE LECHE

1 huevo
1 cucharadita de azúcar
5 onzas de leche fría

1 ½ onza de su bebida
preferida (ron, whisky
o coñac)

Bátalo bien con hielo picado y sírvalo en un vaso de 8 onzas. Polvoréelo con canela o nuez moscada.
Nota: Puede prepararlo también con leche caliente para los días de invierno.

ÍNDICE DE RECETAS

Aperitivos / 187
    Dubonnet / 187
    Dubonnet jerez / 188
    Dubonnet safari / 188
    Pierrot / 188
    Rose / 188
    Vermut / 189
    Vermut y soda / 189
    Americano / 189
    Vermut cassis / 189
    Continental / 190
    Jerez / 190
    Oporto / 191
    Porto flip / 191

Cereales (arroz, maíz, trigo) / 17
    Arroz blanco / 20
    Diferentes formas de cocinarlo / 22
    Arroz amarillo con pollo, pescado,
        carnes o mariscos y paellas / 23
    Arroz con pollo a la jardinera / 24
    Arroz salteado / 24
    Arroz con ternilla / 25
    Arroz con carne de puerco / 26
    Jambalaya / 27
    Arroz con pescado a la jardinera / 27
    Arroz con langosta / 38

Arroz con bacalao / 29
Arroz con calamares / 29
Harina de maíz con jaiba o cangrejo / 30
Arroz con camarones frescos o congelados / 31
Arroz con lentejas / 32
Espaguetis con hígados de pollo / 32
Canelones rellenos / 33
Molletes / 34

Carnes y embutidos / 50
Fricasé de pollo / 56
Brochetas de pollo / 56
Crepes de volaille (arepas de pollo) / 57
Pollo grillé a la mostaza / 58
Pollo cajío / 59
Guineas con salsa de avellana / 5
Pollo a la Villeroy / 60
Patos con salsa de naranja / 61
Carnero en chilindrón / 62
Rabo alcaparrado / 63
Rabo encendido / 64
Pavo relleno / 64
Carne fría / 65
Pastel de carne y maíz / 65
Costillas de puerco a lo barbecue / 66

Cocteles / 164
Martini / 163
Martini seco I / 163
Martini seco II / 163
Martini seco III / 163
Martini semiseco / 163
Martini dulce / 164
Manhattan / 164
Manhattan seco / 164
Manhattan semiseco / 165
Manhattan / 165
Manhattan I / 165
Old Fashioned / 165
Old Fashioned II / 166
Daiquirí / 167
Daiquirí I / 167
Daiquirí II / 167

Daiquirí III / 168
Presidente I / 168
Presidente II / 168
Presidente III / 169
Presidente IV / 169
Presidente seco / 169
Bronx / 169
Bronx I / 170
Bronx II / 170
Dubonnet / 170
Mojito criollo / 170
Sour / 171
Alexander / 171
Coctel de champaña / 171
Side car / 171
Stinger / 171
Sol y sombra / 172
Colonial / 172

Cocteles a base de ron / 173
Santiago / 173
Mulata / 173
Ron Old Fashioned / 173
Ron Dubonnet / 174
Estrellita / 174
Tigre volador / 174
Tigre volador I / 174
Chaparra / 175
Reina / 175
Televito / 175
Observador / 175
Tallyho / 175
Hemingway especial / 176
Isla de pinos / 176
Año viejo / 176
Daiquirí mambí / 176
Arango / 177
Maragato especial / 177
Coctel nacional / 177
Blossom / 177
Mary Pickford / 177
Chaparra / 178
Coctel oro/ 178

Cocteles a base de ginebra / 179
- Coctel Miiramar / 179
- Forestier / 179
- Jai-alai / 180
- White Lady / 180
- Fuego / 180
- Pink Lady / 180
- Soldado de chocolate / 181
- Deacon / 181
- Rose / 181
- Tuxedo / 181
- Gin coctel / 181
- Clover club / 182
- Hawaii / 182
- Orange blossom / 182
- Daysi / 182

Cocteles a base de coñac / 183
- Rolls Royce / 183
- Méndez Vigo / 183
- Internacional / 183
- Ultra / 184
- Loinaz / 184
- Coñac sour / 184
- India / 184
- Panamá / 184
- Stinger / 185
- Coñac smash / 185
- Brant / 185
- Caledonia / 185
- Brandy coctel / 186

Cordiales / 194
- B & B / 192
- Doncellita / 192
- Cubanita / 193
- Poussé-café / 193

Ensaladas / 110
- Ensalada de papas y camarones / 111
- Tomates rellenos / 111
- Aguacates rellenos / 112
- Ensalada de coronitas de bonito / 112

Ensalada de frutas / 113
Ensalada de frutas heladas / 113
Piña rellena con frutas / 113
Ciruelas rellenas / 114
Ensalada de pollo suprema / 114
Guacamole / 115
Aspic de tomate y bonito / 115
Ensalada Caesar / 116
Ensalada de pollo con piña / 117
Ensalada de mariscos / 117
Ensalada rusa / 117

Frijoles, sopas y guisos / 35
Sopa de maíz tierno / 40
Guiso de maíz tierno / 40
Gazpacho / 41
Potaje mixto (mazluta) / 42
Frijoles enchilados / 42
Caldo de pollo / 43
Caldo de pescado / 43
Sopa a la marinera / 44
Receta básica para sopas de vegetales a la crema / 44
Guiso de quimbombó con pollo y bolas de plátano / 46
Chícharos a la crema / 47
Soufflé de cebollas / 47
Guiso de vegetales con huevo / 47
Sopa tártara / 48
Garbanzos con bacalao / 49

Huevos / 99
Huevos a la florentina / 100
Huevos en salsa de queso / 100
Huevos con papas y camarones / 101
Cesticos de huevos y jamón / 101
Florecitas de huevos rellenos / 102
Huevos a la malagueña / 103
Tortilla / 103
Tortilla a la romana / 104
Tortilla sacromonte / 105
Tortilla imperial (Kaiserschmarre) / 106
Revoltillo / 106
Revoltillos de espárragos a la crema / 107

Revoltillo a la marinera / 107
Pisto manchego / 108
Tostadas con revoltillo y queso / 109

Pescados y mariscos / 68
Pisto bilbaíno / 71
Salpicón de pescado / 71
Pescado en salsa verde / 72
Pescado con queso / 72
Escabeche / 73
Cangrejos endiablados / 74
Langosta con chocolate / 74
Pargo almendrina / 75
Filetes de pargo con camarones a la crema / 75
Pudín de pescado / 76
Salmón con espárragos chantilly / 76
Calamares / 77
Calamares rellenos / 78
Bacalao Azcárate / 79
Camarones a la jardinera / 80
Soufflé a la marinera / 81

Postres / 127
Cómo hacer caramelo para bañar moldes de flan o pudín. / 128
Cómo determinar el punto de un almíbar después
    de comenzar a hervir / 129
Los ingredientes de un cake o panqué / 131
Cómo mezclar correctamente un cake o panqué / 131
Cómo preparar los moldes / 132
Cómo hornear un cake o panqué / 134
Cómo vestir un cake o panqué / 135
Almíbar / 136
Borracho / 136
De caramelo / 137
De melado / 137
De naranja / 137
Cómo preparar merengue de almíbar para cubrir panetelas,
    panqués y otros dulces / 137
Boniatillo borracho / 139
Arroz con leche fresca / 139
Cascos de naranja o toronja / 140
Flan de calabaza / 141
Flan de leche condensada / 141

Panetela borracha con natilla / 142
Natilla / 142
Pudín de malta / 142
Pan de miel y naranja / 143
Boniatillo / 144
Majarete / 144
Harina en dulce / 145
Aderezo para ensalada de frutas / 145
Manzanas en tentación / 146
Pudín de boniato / 146
Pastel de fresa y crema / 147
Salchichón de chocolate / 148
Helado de plátano / 148
Pastillas de chocolate y maní / 148
Cake helado de frutas / 149
Pudín de chocolate y alteas / 150
Pudín de higos / 150
Flan de yogur / 151

Sandwiches y bocaditos / 119
Bocaditos de bonito / 120
Pasta de sardinas / 121
Pasta de jamon del diablo y aceitunas / 121
Pasta de queso y almendras / 121
Pasta de queso / 121
Pasta de queso y jamón / 122
Bocaditos de huevo / 122
Bocaditos enrollados / 122
Bocaditos lindos / 123
Canapés de langosta / 124
Cheeseburgers / 124
Bolitas de queso y maní / 124
Perros rellenos / 125
Canapés de queso y bacón / 125
Stratta de queso / 125

Tragos largos / 194
Jaiboles / 194
Mint julep / 195
Mint julep I / 195
Collins / 196
Cooler / 196
Sling / 196

Sangría / 196
Smash / 197
Ponche de leche / 197

Viandas, hortalizas y otros vegetales / 82
    Apio relleno / 87
    Tomates deliciosos / 87
    Zanahorias a la crema / 88
    Acelgas aliñadas / 88
    Bocaditos de papa / 89
    Naranjas rellenas con boniato / 89
    Coliflor a la polonesa / 90
    Chayotes rellenos con huevo / 90
    Pudín de vegetales / 91
    Remolachas aliñadas en agridulce / 92
    Pimientos rellenos / 92
    Frituras de col / 93
    Piononos de plátanos / 94
    Boniato en tentación / 94
    Croquetas de calabaza / 95

CPSIA information can be obtained at www.ICGtesting.com
Printed in the USA
LVOW01s1551040414

380382LV00026B/1314/P